Markup e preço de venda fácil

Um guia prático para você calcular
o preço de venda

FLÁVIO MOITA

ISBN: 9798613496037

Direitos autorais

Por que você deveria ler este livro?

Imagine a seguinte situação, você está empreendendo em algum negócio e precisa colocar preços nos produtos e serviços.

Você levantou todos os dados e está avaliando qual o melhor preço para cada produto.

Com todos os dados em mão, o que fazer?

Como você pode atribuir um preço de venda de forma a gerar um lucro desejado?

Essa é uma dúvida muito comum de empreendedores iniciantes, e até mesmo de gestores experientes.

Muitos não sabem calcular corretamente os custos, nem que metodologias utilizar para calcular e estipular o preço de venda.

Associado a isso, é interessante notar que uma decisão de preço de venda incorreta pode levar a empresa a enfrentar problemas financeiros graves. Você pode estar pensando que está ganhando dinheiro quando na verdade não está.

Estudos comprovam que a maioria das empresas fecha antes de 5 anos de funcionamento. Apenas 38% das empresas sobrevivem após 5 anos ou mais. Uma a cada quatro empresas fecha suas portas no primeiro ano de funcionamento. E a grande maioria delas fecha em função de problemas graves de gestão financeira.

Se você é empreendedor ou estudante das áreas de administração, contabilidade ou economia este livro vai lhe ajudar a entender um pouco o processo de precificação de produtos de forma prática, fácil e objetiva.

Procuramos ao longo do livro desenvolver e apresentar este tema de maneira fácil, com uma linguagem prática, sempre tendo como ponto de vista o empreendedor ou gestor.

Mesmo que não tenha tido nenhum contato com as técnicas que serão apresentadas, vai ser fácil para você aprender e acompanhar os conteúdos e estudos de caso resolvidos passo a passo.

Além das técnicas para o cálculo, análise e atribuição de preço de venda, já nos primeiros dois capítulos, você vai entender a importância e os principais conceitos da gestão de custos.

Mais detalhadamente, nos capítulos introdutórios, antes das ferramentas para análise de investimento, você vai:

- Entender a importância e os impactos do preço na lucratividade e retorno sobre o investimento;

- Saber diferenciar os gastos em custos fixos, variáveis, semi-variáveis e semi-fixos;

- Entender o conceito e a importância do markup e da margem de contribuição;

- Fazer os cálculos das margens de contribuição individual e total;

- Calcular o lucro a partir das receitas, custos fixos e variáveis;

- Calcular o lucro operacional por produto;

- Compreender a relação entre a variação no preço de venda e o lucro operacional.

Na segunda parte do livro você vai aprender a montar um modelo de precificação em 5 etapas.

Você vai ver que o conteúdo deste livro é bastante prático e detalhado, voltado para decisão de preço de venda e análise de lucratividade.

Todo este conteúdo é importantíssimo para empreendedores, administradores e tomadores de decisão de investimentos. Na verdade são conteúdos indispensáveis para quem deseja administrar uma empresa e avaliar negócios.

Para quem é indicado o livro?

O livro é especialmente indicado para gestores, empreendedores e estudantes das áreas financeira, de custos, produção ou marketing, que precisam tomar decisões de preço no seu exercício profissional.

Se você é professor em disciplinas da graduação, ou até mesmo da pós-graduação, nos cursos de ciências contábeis, economia, administração de empresas e engenharia de produção, este livro também pode servir de literatura complementar prática para suas aulas.

A maioria dos temas discutidos e apresentados no livro normalmente são vistos através de uma abordagem e linguagem muito técnica e de difícil entendimento, principalmente para empreendedores e gestores.

Se você for tentar aprender o conteúdo deste livro nos livros tradicionais de finanças empresariais e gestão de custos isso vai lhe exigir uma grande quantidade de tempo e orientação especializada.

Portanto, ao final da leitura você certamente vai estar melhor preparado para tomar decisões de preço dentro de um contexto empresarial.

Vamos ao livro

Agora que você já sabe tudo que vai encontrar e aprender com este livro, vamos ao nosso conteúdo.

Espero que o conteúdo contribua de alguma forma com seu estudo e aprimoramento profissional nesse tema, que é de extrema relevância para administradores, empreendedores e tomadores de decisão nas empresas.

Muito obrigado!

Bom estudo!

Prof. Flávio Moita

Sumário

Você está cobrando o preço certo?

Se você já tem uma empresa funcionando, está avaliando montar um negócio ou vende algum tipo de produto ou serviço, será que você está cobrando o preço correto?

Você sabia que tanto um aumento de preço de venda como uma redução de preço pode gerar um aumento no resultado líquido?

No marketing o preço de venda é um dos elementos mais importantes. Além disso, você sabia que definir o preço de venda dos produtos vai muito além dos cálculos matemáticos de custo e lucro?

Na prática a precificação dos produtos e serviços passa também por uma análise cuidadosa da estratégia da empresa, dos produtos atuais que a empresa está comercializando, de uma avaliação do mercado, da economia e até mesmo de certos fatores psicológicos relacionados a decisão de compra por parte do consumidor.

Se você estiver colocando o preço nos seus produtos muito baixo pode ocasionar uma redução no lucro líquido, caso o aumento na quantidade não compense a redução da lucratividade por unidade vendida.

Por outro lado, um preço muito elevado também pode gerar um lucro menor, tudo depende da quantidade vendida.

Aí você pode me perguntar: existe um preço ideal para os produtos?

Podemos dizer que preços mais elevados tendem a gerar menos vendas, mas não necessariamente menos lucro.

Por outro lado, preços mais baixos tendem a gerar mais unidades vendidas, mas também não necessariamente mais lucro.

Você está confuso?

Então o preço de venda não tem relação direta com o lucro? É isso?

Vamos detalhar mais esses questionamentos.

Não é o preço de venda que vai gerar seu lucro

O que nós podemos afirmar inicialmente é que o não é o preço de venda que vai determinar necessariamente o seu lucro.

Sabemos que um aumento ou redução no preço de venda normalmente vai influenciar no aumento ou na diminuição na quantidade vendida, isso é uma verdade para muitos produtos e serviços.

Se esse aumento ou redução do volume de venda vai gerar aumento ou redução do lucro nós não sabemos e precisamos avaliar. Quer um exemplo?

Suponha que você vende hoje um produto por R$ 14,00. E que o custo para produzir e comercializar uma unidade desse produto é de R$ 10,00.

Ou seja, para cada unidade do produto você ganha R$ 4,00 (14-10).

Digamos também que você esteja vendendo em média 500 unidades desse produto por mês. Quanto vai ser seu lucro?

Se para cada unidade você ganha R$ 4,00, então para uma venda de 500 unidades você vai gerar um resultado de 500 x 4= R$ 2.000,00.

Você teria então R$ 2.000,00 de resultado, não é verdade?

Mas será que este seria efetivamente seu lucro?

O que acontece é que existem outros custos e despesas que não são custos variáveis, onde podemos relacionar diretamente quantidade vendida.

Este tipo de custo chamamos de custo fixo. Mas o que são os custos fixos?

O que podemos dizer por enquanto é que os custos fixos são aqueles que não dependem do volume de venda.

Por exemplo, o aluguel de uma fábrica ou de um ponto comercial normalmente não depende da quantidade vendida, não é verdade?

Se você vender 1000 unidades ou 1500 unidades vai pagar o mesmo valor do aluguel, pois ele não depende da quantidade vendida.

Se você passar o mês todo fechado, por exemplo, mesmo assim vai ter que pagar o mesmo valor do aluguel do imóvel, não é verdade?

O comportamento do custo do aluguel é diferente do custo da embalagem. Os custos de embalagem depende do volume de venda, quanto mais se vende mais embalagem vai ser necessária, na verdade na mesma proporção, não é verdade?

Voltando para nossa situação, temos um resultado antes dos custos fixos no valor de R$ 2.000,00.

Esse resultado antes de tirarmos os custos fixos nós vamos chamar de margem de contribuição.

Você vendeu 500 unidade, cada uma com preço de venda de R$ 14,00 e gerou uma receita de R$ 7.000,00 (500x14).

Se para cada unidade gastamos R$ 10,00, teremos custos variáveis totais de R$ 5.000,00 (500x10).

A margem de contribuição será então de R$ 7.000,00 - R$ 5.000,00 = R$ 2.000,00.

Como comentamos anteriormente esse resultado não é o lucro, afinal precisamos pagar os custo fixo.

Digamos que os custos fixos mensais do seu negócio sejam de R$ 2.500,00.

O resultado final será R$ 2.000,00, da margem de contribuição, menos os custos fixos de R$ 2.500,00, o que vai gerar um prejuízo de R$ 500,00, não é verdade?

Note que essa não é uma situação boa, o ideal é que a empresa tenha lucro.

Mas como podemos sair então dessa "zona de prejuízo"?

Vamos pensar em duas situações possíveis. Diminuindo ou aumentando o preço de venda.

Se você diminuir o preço, vai aumentar o lucro?

Vamos supor que, para sair do prejuízo, você pense da seguinte forma: eu vou baixar o preço de venda para vender mais e assim passe a ter lucro.

Essa é uma das possibilidades. Vamos analisar ela da seguinte forma.

Digamos que você queira baixar em R$ 2,00 o preço, na expectativa de aumentar as vendas de 500 unidades para 1.500 unidades. E agora será que teremos lucro?

Me acompanhe nesse passo a passo.

Você irá vender 1500 unidades pelo novo preço de venda que vai passar a ser de R$ 12,00. Isso por que você baixou em R$ 2,00 o preço de venda que era R$ 14,00.

Então seu faturamento vai passar a ser de 1500 x R$ 12,00, totalizando R$ 18.000,00.

Os custos variáveis dessas 1.500 unidades vendidas serão de 1500 x R$ 10,00, totalizando R$ 15.000,00.

Se subtrairmos então R$ 18.000,00 de R$ 15.000,00 teremos uma margem de contribuição de R$ 3.000,00.

Como nossos custos fixos são de R$ 2.500,00, então o resultado líquido para uma venda de 1500 unidades a um preço de R$ 12,00 vai ser de R$ 3.000,00 - R$ 2.500,00, resultando num lucro de R$ 500,00.

Esta situação é bem melhor que a anterior, você não acha?

Mesmo com um preço de venda mais baixo você conseguiu sair de prejuízo de R$ 500,00 para um lucro de R$ 500,00.

O grande problema é que o aumento nas vendas é somente uma das possibilidades, e se esse aumento for menor que o esperado?

Digamos que o aumento seja somente para 1000 unidade. Ou seja, você passaria a vender 1000 unidades para um preço de venda de R$ 12,00. Como será que ficaria nosso lucro nessa situação?

Neste caso você vai vender 1000 unidades a R$ 12,00 cada. Isso vai gerar um faturamento de R$ 12.000,00.

Os custos variáveis totais serão de 1000 vezes R$ 10,00, totalizando R$ 10.000,00.

A margem de contribuição ficará em R$ 2.000,00 (R$ 12.000,00 - R$ 10.000,00).

Neste caso o lucro vai ser de quanto?

Como a margem de contribuição foi de R$ 2.000,00 e os custos fixos são de R$ 2.500 teremos um prejuízo de R$ 500,00 (R$ 2.000,00 - R$ 2.500,00)

Neste caso, você baixou o preço para tentar vender mais só que essa venda a mais não resultou no aumento do lucro, na verdade o prejuízo permaneceu os mesmos R$ 500,00.

Ai você pode pensar assim: digamos que eu aumentasse o preço de venda, mesmo que para isso tivesse que vender menos, será que valeria a pena?

Se você aumentar o preço de venda, vai aumentar o lucro?

Diante dessa outra possibilidade, vamos supor que você pense em aumentar em R$ 2,00 o preço de venda. Suponha também que esse aumento irá gerar um redução de somente 50 unidades nas vendas.

Neste caso o preço de iria passar de R$ 14,00 para R$ 16,00 e a quantidade vendida iria diminuir de 500 unidades para 450 unidades mensais.

Como o que mais importa é o resultado final, o que aconteceria com o lucro? Iria aumentar ou diminuir?

Se você passasse a vender 450 a um preço de R$ 16,00 o faturamento mensal seria de R$ 7.200,00 (16*450).

Os custos dos produtos seriam de 450 x R$ 10,00, gerando custos variáveis totais de R$ 4.500,00.

Seguindo o mesmo procedimento das situações anteriores, se você diminuir R$ 7.200,00 de R$ 4.500,00 teremos uma margem contribuição de R$ 2.700,00.

Diminuindo a margem de R$ 2.700,00 dos custos fixos, que foram de R$ 2.500,00, teremos um lucro de R$

200,00. Resultado melhor que a situação atual onde temos prejuízo de R$ 500,00.

Ou seja, se você aumentar o preço em R$ 2,00 com uma previsão de vender somente 450 unidades, você passaria de um prejuízo de R$ 500,00 para um lucro de R$ 200,00.

O problema aqui também é o mesmo de quando você avaliou a redução do preço.

Será que essa queda no volume vendido vai ser somente 50 unidades?

E se você passasse a vender somente 400 e não 450, Será que teremos lucro ou prejuízo?

Neste caso, as 400 unidades vezes R$ 16 iriam gerar um faturamento de R$ 6.400. O custo total dos produtos vai ser então de R$ 4.000,00 (400 x R$ 10,00).

Diminuindo R$ 6.400,00 de R$ 4.000 teremos uma margem de contribuição de R$ 2.400,00.

Por fim, se você diminuir a margem de contribuição, que foi R$ 2400,00, dos custos fixos de R$ 2.500 terá um prejuízo de R$ 100,00.

A situação é melhor que o prejuízo de R$ 500,00, mas ainda não é satisfatória.

Diante de todas essas possibilidades, você já deve ter percebido que a relação existente o preço de venda e o lucro não é direta, não é verdade?

Veja que uma alteração no preço de venda não irá gerar necessariamente um aumento ou redução do lucro.

O aumento ou diminuição do preço de venda se reflete apenas no lucro de cada unidade do produto, nem sempre na margem de contribuição ou no lucro total.

Tudo vai depender do reflexo da variação do preço no volume de vendas total do período.

Diante de tudo que conversamos até o momento, perceba como é importante avaliar não só o preço de venda, mas principalmente o reflexo do preço de venda no volume de venda.

Para isso, você precisa avaliar com muito cuidado o mercado, a concorrência, os produtos substitutos entre tantos outros fatores que iremos apresentar ao longo deste livro.

Uma outra questão que você poderia levantar é se existiria um preço venda ideal.

Existe um preço de venda ideal?

Sabemos que a relação entre o preço de venda e o lucro final do seu produto ou negócio não segue uma relação direta.

Agora você já sabe que o resultado do aumento ou diminuição do preço de venda no lucro final vai depender do reflexo desse preço no volume de vendas. Essa é uma questão-chave que você precisa levar em conta.

Porém, na prática, nem sempre é fácil identificar o volume de venda para um determinado preço estipulado, não é verdade?

Possivelmente você deva estar confuso agora em relação a isso.

Isso porque é muito comum, tanto em treinamentos, quanto em cursos de contabilidade de custos, a associação do preço de venda aos custos e despesas para o cálculo de um preço que seria em tese "o ideal".

Uma situação muito comum é pegar os custos somar com uma margem de lucro desejada e através de cálculos matemáticos encontrar o preço perfeito, ou ideal.

O problema é que na prática, como você viu nos exemplos anteriores, não funciona bem assim.

Isso é especialmente relevante em pequenos negócios, onde o poder de negociação com seus fornecedores é muito baixo e as margens de contribuição são determinadas pela concorrência.

A vantagem competitiva em custos, decorrente de uma produtividade ou produção em grande escala, é muito difícil de ser atingida em pequenas empresas.

A falta de recursos financeiros faz com que esse tipo de negócio não tenha o mesmo poder para fazer investimentos relevantes em produtividade e em divulgação e marketing.

Assim sendo, em especial em pequenos empreendimentos, a análise de custos e preço de venda de forma estratégica é extremamente relevante.

E aí você pode questionar: e os custos não são importantes? Seu controle e acompanhamento não tem relação com a rentabilidade de um negócio?

Sim, claro que são importantes, tanto é que dentro do modelo que vamos desenvolver ao longo deste livro, e que você vai acompanhar nas próximas unidades, nós levaremos em conta também os custos.

Todavia, como você já pode perceber, somente esses elementos não serão suficientes. Para uma alocação de preço mais efetiva é realmente necessário fazer uma análise e planejamento quantitativo dos reflexos do preço de venda nos resultados.

Desta forma, você vai acompanhar nas próximas unidades uma metodologia em que consideramos não somente custos mas também outros fatores relevantes que irão influenciar os resultados finais do negócio.

Antes de nós iniciarmos a apresentação da metodologia, é necessário que você entenda perfeitamente alguns termos e elementos que iremos utilizar ao longo dos modelos no processo de precificação.

Os custos e despesas

Se você pegar qualquer livro de contabilidade de custos tradicional você vai encontrar o modelo chamado de custeio por absorção. Nele a empresa separa os gastos da empresa em dois grandes grupos: os custos e as despesas.

Os custos são todos aqueles gastos relativos ao processo operacional da empresa. Em uma empresa industrial é toda saída de recursos relativa atividade de produção, ou atividade fabril.

 As despesas são todos aqueles gastos necessários para venda dos produtos e gestão da empresa.

Então, quando falamos em custos e despesas estamos falando nesses dois tipos de gastos, em uma visão tradicional da contabilidade de custos.

Em termos contábeis e financeiros, em especial para grandes empresas, essa abordagem é a utilizada para encontrar o custo do produto e os resultados decorrentes das vendas.

Na verdade as grandes empresas são obrigadas a seguir esse tipo de custeio para apuração de resultado.

Aqui neste livro vamos abordar o tema com uma versão um pouquinho diferente. Iremos trabalhar o processo de precificação através do sistema de custeio variável.

Apesar disso, a utilização gerencial do custeio variável não excluir o uso do sistema de custeio por absorção, já que é uma obrigação exigida pelos órgãos de controle, como as receitas estadual e federal.

No sistema de custeio variável temos uma metodologia para avaliar os resultados de um negócio e para encontrar preço de venda através de uma abordagem gerencial e estratégica, como veremos mais à frente neste livro.

Nesse tipo de abordagem separamos não mais os gastos em custos e despesas, mas sim em custos fixos e variáveis.

Assim sendo, vamos então entender um pouco qual as diferenças entre esses dois tipos de gastos.

Os custos variáveis, custos fixo e a margem de contribuição

De tudo que você já viu aqui neste livro já é possível ter uma ideia do que são os custos variáveis, fixos e a margem de contribuição.

Entretanto, gostaríamos de conversar com você mais detalhadamente sobre esses elementos. Afinal, eles são muito importantes para avaliarmos tanto o preço de venda com a margem de lucro.

A primeira coisa que você precisa entender é o que vem a ser custo variável.

O que é custo variável?

De maneira bastante simplificada, podemos dizer que os custos variáveis são todos aqueles gastos que irão aumentar proporcionalmente ao aumento na produção ou venda. Que um exemplo?

Digamos que você tenha um negócio que venda só um produto, um vendedor de pipoca por exemplo.

Você já viu os vendedor de pipoca que ficam normalmente na frente das escolas?

Pois é, ele vende basicamente um só produto, não é verdade?

Esse é um bom exemplo para você entender o que são os custos variáveis e fixos.

Assim sendo, o que é custo variável para um vendedor de pipoca?

Para você identificar os custos variáveis, reflita um pouco sobre o que um pipoqueiro precisa para produzir um saco de pipoca.

Qual é o gasto que ele vai ter que vai variar proporcionalmente à quantidade de pipocas que ele vende?

Pense assim: se ele vender 10 pipocas ele vai ter um determinado gasto. Se ele vender o dobro, ou seja 20 pipocas, quais gastos irão duplicar de valor?

Esses gastos que duplicaram de valor serão os custos variáveis da pipoca.

Neste caso da pipoca é muito simples, não é?

Será que o milho para fazer a pipoca seria um gasto variável?

É claro que sim, não é?

Se ele vendeu o dobro de pipocas, consequentemente irá precisar do dobro de milho. Portanto o custo do milho é um custo variável.

Outro custo variável seria o saco para colocar a pipoca dentro.

Se você passar de 10 para 20 pipocas, a quantidade de sacos também irá passar de 10 para 20. Portanto o saco para a pipoca também é um custo variável.

Por exemplo, Vamos supor que 1 kg de pipoca custa R$ 6,00 e que dê para fazer 20 pipocas. Suponha também que o custo de 100 sacos de pipoca seja de R$ 5,00.

Assim, para cada pipoca você terá um custo do milho de R$ 6,00 / 20 = R$ 0,30. E custo do saco para pipoca de R$ 5,00 / 100 = R$ 0,05.

Se você vender 10 pipocas terá um total de R$ 3,50. O custo de milho de 10*0,30 = R$ 3,00 mais R$ 0,50 de saco para pipoca (10*0,05).

Se vende 20 pipocas vai ter um custo de R$ 20*0,30 = R$ 6,0 de milho e R$ 1,00 de saco para pipoca. Total de R$ 7,00.

Veja que esses dois custos aumentam proporcionalmente com o aumento da quantidade vendida. Você duplicou a quantidade, de 10 para 20, e o custo duplicou, de R$ 3,50 para R$ 7,00.

Você pode concluir então que os gastos do milho e do saco da pipoca são custos variáveis.

Normalmente os custos diretamente ligados diretamente ao produto podem ser considerados custos variáveis.

No caso do nosso vendedor de pipocas temos outros custos variáveis, não é verdade?

Além do milho e da embalagem têm ainda o custo de gás para fazer pipoca, já que é preciso esquentar a panela para fazer a pipoca. Quanto mais pipoca se faz, mais gás ele vai gastar.

Temos também os custos da manteiga, do sal ou açúcar para fazer pipoca doce.

Como relação ao custo do gás para fazer as pipocas é preciso identificar quantas pipocas é possível produzir com um botijão de gás de cozinha.

Digamos que um botijão de pequeno gás custe R$ 50,00 e dê para fazer 1000 pipocas, quanto seria o custo variável relativo a este gasto para uma unidade de pipoca?

É muito simples, basta dividir R$ 50,00 por 1000 unidades. O custo relativo ao gás ficaria então R$ 0,05 por pipoca.

Diante de tudo isso, podemos dizer que os gastos variáveis são aqueles que variam proporcionalmente a quantidade produzida.

Vamos agora fazer um gráfico para mostrar visualmente como esse tipo de custo se comporta em relação à quantidade produzida.

Vamos montar aqui um apresentação gráfica do custo do milho de pipoca do pipoqueiro.

Veja abaixo um quadro onde temos para várias quantidades vendidas o custo total do milho:

Markup e preço de venda fácil

Quantidade	Custo do milho
0	R$ 0,00
10	R$ 3,00
20	R$ 6,00
30	R$ 9,00
40	R$ 12,00
50	R$ 15,00

Veja que, na medida que nós aumentamos a quantidade produzida, o custo total do milho aumenta proporcionalmente.

Se pegarmos esta tabela e transformarmos em um gráfico, você vai ver que esse custo se comporta como uma reta partindo do zero:

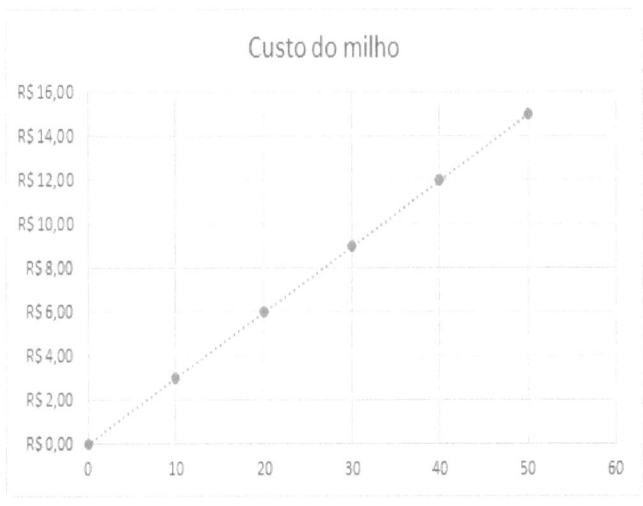

Veja que existe uma tendência linear no aumento desse custo variável.

Inclusive eu tenho um vídeo no meu canal onde mostro detalhadamente no Excel a evolução dos custos variáveis e fixos, as receitas e o ponto de equilíbrio. Veja no link: https://youtu.be/N0udjZTL8Go

E aí você pode perguntar se esse é o custo variável total do produto?

Claro que não, aqui temos somente o custo do milho da pipoca.

Nas próximas unidades você vai ver mais detalhadamente como iremos encontrar esse custo variável total em diversas situações.

Agora que você já sabe o que é custo variável, e como identificar em uma estrutura de gastos, vamos detalhar mais o que são os custos fixos.

O que é um custo fixo?

Podemos afirmar de maneira simplificada que os custos fixos são todos aqueles gastos que não variam na mesma proporção que a produção ou venda.

Veja que o comportamento financeiro do custo fixo é bem diferente do custo variável, na verdade o custo fixo normalmente tem relação direta com o tempo e o custo variável com a produção e venda.

Uma dúvida muito comum das pessoas, para identificação dos gastos em custos fixos ou variáveis, é quando o custo fixo não é o mesmo valor todo mês. Muitos acham que os custos fixos devem ter o mesmo valor todo mês, o que não é verdade.

A principal característica dos gastos fixos é que ele não é proporcional a atividade produtiva, todavia ele não necessariamente precisa ser o mesmo valor todo mês.

Veja por exemplo a conta de energia elétrica em um comércio varejista. Apesar de ser um custo fixo, pois não varia com o volume de vendas, não é o mesmo valor todos os meses.

O aluguel de um loja comercial é um custo fixo. Mas na prática ele nem sempre é o mesmo valor todos os meses. Em shopping centers, por exemplo, em alguns períodos do ano são cobradas taxas e gastos com promoções e decorações que irão aumentar o valor dos custos fixos do aluguel.

Um outro caso que você pode encontrar na prática, também relacionado a lojas em shopping centers e cobrança de aluguel, é quando temos uma parte fixa e outra variável.

Em alguns casos as administradoras de shoppings cobram um aluguel fixo e, a partir de um certo valor de venda, uma porcentagem sobre o faturamento.

Nesse caso temos uma combinação de custos fixos e variáveis. Em outras unidades vamos conversar mais detalhadamente sobre este tipo de caso.

Voltando ao exemplo do aluguel fixo, vamos pegar um exemplo de uma loja de roupas.

Digamos que você administra uma loja, que paga aluguel mensal de R$ 5.000,00, e que tenha vendido 1000 peças de roupa em um determinado mês.

Em um outro mês a loja vendeu 2000 peças, duplicando assim as vendas. Todavia, o valor do aluguel permaneceu o mesmo, pois ele é fixo e não é afetado pelo volume de vendas.

No mês que ele vendeu 1000 peças o custo fixo rateado para cada peça foi de R$ 5,00 por peça (R$ 5000/1000).

No mês em que a loja vendeu 2000 peças o aluguel rateado por peça caiu pela metade e foi de R$ 2,50 por peça (R$ 5000/2000).

Veja que quando aumentamos a produção diminuímos o custo do aluguel rateado por peça.

Essa também é outra característica dos custos fixos. Eles são fixos no total mas quando rateados por unidade de produção ou de venda eles variam.

Outra característica dos custos fixos é que eles podem variar ao longo do tempo, com aumentos das capacidades de produção e vendas.

Outra situação está relacionada a inflação. Anualmente nos contratos de aluguel existe a correção dos valores pagos, normalmente por algum indicadores de inflação. E como consequência o aumento na estrutura de custos fixos.

Outra situação é quando a capacidade de produção está sendo utilizada no seu limite, nesse caso a empresa tem algumas alternativas.

Uma delas é aumentar o preço mantendo a mesma quantidade produzida. Nesse caso a empresa certamente vai ganhar mais no curto prazo, mas será que os consumidores irão manter a mesma disposição de comprar com a empresa se ela aumentar os preços?

Neste caso também existe a possibilidade de outro concorrente, ou até mesmo produtos substitutos, conseguir uma parcela dos consumidores que não estão sendo atendidos.

Outra alternativa que a empresa tem é aumentar a capacidade operacional. Neste caso serão necessários fazer investimentos em estrutura, equipamentos, contratação e treinamento de colaboradores e capital de giro. Os investimentos irão alterar a estrutura de custos fixos, podendo gerar maiores ou menores resultados.

Voltando ao nosso exemplo da loja comercial, existem custos fixos que podem variar de valor mês a mês mas não com proporcionalmente com a quantidade vendida.

Imagine o custo do telefone em uma loja comercial, ele é um custo variável ou um custo fixo?

Se você pensar que ele varia todo o mês poderia chegar à conclusão que é um custo variável, não é verdade?

Se você examinar detalhadamente vai ver que ele pode ter até alguma relação com as vendas, já que mais vendas podem aumentar um pouco o uso do telefone. Mas será que ele varia proporcionalmente à quantidade vendida?

Se você vender 2000 peças em um mês e em outro mês vender o dobro, 4000 peças, será que o valor da conta de telefone mensal vai duplicar?

O mais provável é que não aumente na mesma proporção, não é verdade?

Assim, você pode concluir que, apesar de ter alguma relação com as vendas, o custo do telefone mensal não é possível ser considerado um custo totalmente variável.

Na verdade, na maioria dos casos, o melhor é ele ser alocado como custo fixo.

Vamos pensar em outro custo de uma loja, a conta de energia elétrica é um custo fixo ou variável?

Com certeza ela não irá ser o mesmo valor todo o mês, você não acha?

Mas será que existe uma relação direta entre venda e gasto com energia?

A pergunta a ser feita é: se vendermos o dobro de peças a conta de energia elétrica vai duplicar?

Claro que não, não é verdade?

Pode ser que tenha até alguma relação com a quantidade de clientes que entram na loja, já que mais clientes na loja podem consumir um pouco mais dos ar condicionados. Em períodos de natal as lojas costumam aumentar os horários de funcionamento, aumentando também um pouco o custo mensal com energia elétrica.

Mas essa relação não pode ser considerada diretamente proporcional com as vendas. Assim sendo, o custo de energia elétrica em uma loja é custo fixo.

Este mesmo custo de energia pode ser considerado variável em uma fábrica, Em especial quando estamos lidando com a energia elétrica dos maquinários de produção.

Quanto maior a produção maior será o consumo de energia elétrica.

Nas fábricas o volume total de gastos com energia elétrica vai variar conforme a produção, sendo assim um custo variável.

Quando o custo não é nem fixo nem variável

Existe alguns tipos de custos que não são nem fixos nem a variáveis, são os chamados custos semi-fixo ou semi-variável.

O custo Semi-fixo

Podemos dizer que o custo semi-fixo é todo aquele custo fixo que possui uma parcela variável. Até um determinado volume de produção, ou de vendas, ele é fixo e depois passa a ser variável.

Exemplos comuns deste tipo de custos são a água e energia elétrica nas atividades fabris.

A conta de água, por exemplo, tem seu valor mínimo fixo até determinado volume de consumo e depois aumenta de conformidade com o aumento no uso.

A energia elétrica também é outro exemplo. Nas empresas industriais normalmente temos uma situação de demanda contratada. Nesse caso a empresa fornecedora vai cobrar um valor mínimo de consumo e a partir daquele consumo irá aumentar proporcionalmente com a produção.

Mesmo para empresas industriais menores, onde não temos essa situação, se quisermos ser mais detalhistas nos custos veremos que uma parcela dela é custo fixo, a energia elétrica de iluminação e da área administrativa não varia com a quantidade produzida não é verdade?

Podemos ver o comportamento deste tipo de custo no gráfico abaixo.

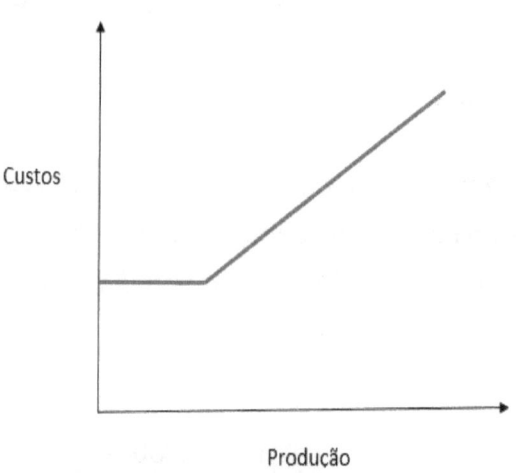

O custo Semi-variáveis

Alguns autores definem este tipo de custo em situações onde temos custos variáveis que possuem uma parcela fixa.

Um exemplo muito citado são os custos com mão-de-obra de produção. Em tese, quando aumentamos a produção temos um aumento dos custos diretos dos produtos, portanto o de mão-de-obra direta seria um custo variável.

Todavia este custo não aumenta exatamente na mesma proporção que a produção, pois existem custos de supervisão de produção. Além disso, em especial no caso do Brasil, os administradores relutam em demitir funcionários quando a produção diminui, pois os custos de demissão, contratação e treinamento são elevados.

Normalmente neste tipo de situação temos um comportamento em patamares de custos em relação produção. Veja o gráfico abaixo.

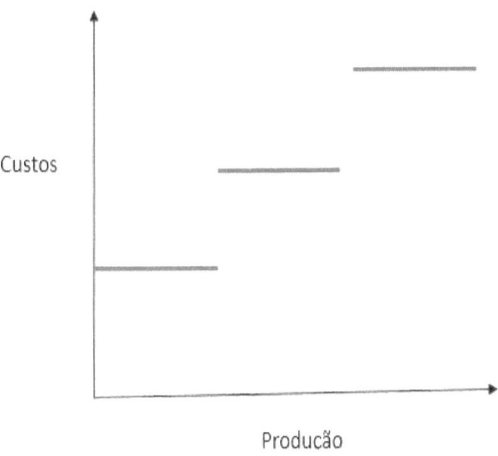

O custo com tutores em um curso na modalidade de Educação a Distância, é um outro exemplo. Na medida em que normalmente um tutor tem a capacidade de atender até 25 alunos, se temos 98 alunos teremos o custo de 4

tutores, se aumentarmos a turma para 105 alunos serão 5 tutores.

Tudo bem, agora que você já sabe o que são os custos variáveis, custos fixos, semi-fixos e semi-variáveis, vamos conversar um pouco sobre a margem de lucro, mais especificamente a margem de contribuição e a margem de lucro operacional.

A margem de contribuição

No nosso modelo de apuração de resultado a margem de contribuição é um dos elementos mais importantes. É a partir dela que podemos identificar quanto cada produto, ou grupo de produtos, está contribuindo para pagar os custos fixos e gerar lucro.

Podemos dizer que a margem de contribuição é a quantidade de recursos financeiros que sobra depois de diminuirmos a receita dos custos variáveis.

Você vai poder encontrar três tipos de margem de contribuição. A margem de contribuição unitária de cada produto, a margem de contribuição total do produto e a margem de contribuição total venda de todos os produtos da empresa.

A margem de contribuição unitária de cada produto é bem simples de ser calculada, basta que a gente diminua do preço de venda e dos custos variáveis do produto.

Como calcular a margem de contribuição unitária

Matematicamente podemos representar a margem de contribuição unitária da seguinte forma:

$$MCu = PV - CVu$$

Onde:

MCu = margem de contribuição unitária

PV = preço de venda

CVu = custo variável unitário

Vamos exemplificar usando a situação do nosso pipoqueiro.

Digamos que o preço de venda de um saquinho de pipoca seja de R$ 2,50 e que, ao somarmos todos os custos variáveis relacionados à produção, encontramos um custo variável unitário de R$ 1,50 por saco.

Quanto vai ser então a nossa margem de contribuição unitária de cada saquinho de pipoca?

Para fazer este cálculo é muito simples, inicialmente vamos identificar as informações que nós temos:

PV = R$ 2,50 /und

CVu = R$ 1,50 /und

MCu =?

Para você calcular a margem de contribuição unitária basta substituir esses valores na seguinte fórmula:

MCu = PV - CVu

Substituindo teremos:

MCu = PV - CVu

MCu = 2,50 - 1,50

MCu = R$ 1,00

Então, nossa margem de contribuição unitária será de um real para cada saquinho de pipoca produzido e vendido.

Para entendermos melhor a margem unitária e total do produto, vamos supor que um dia de trabalho nosso pipoqueiro tenha vendido 100 saquinhos de pipoca.

Quanto vai ser a margem de contribuição total para este dia de trabalho?

Isso é o que vamos chamar de a margem de contribuição total para o produto.

Como calcular a margem de contribuição total do produto

Para você calcular margem de contribuição total do produto também é muito simples.

Podemos fazer esse cálculo a partir da margem de contribuição unitária ou a partir do preço de venda, do custo variável e da quantidade.

Como já temos a margem de contribuição unitária basta multiplicar pela quantidade vendida no período para encontrar a mais contribuição total do produto.

Assim temos:

MCt = Qx MC

Onde

MCt= margem de contribuição total do produto

Q= quantidade vendida no período

MCu= margem de contribuição unitária

No nosso exemplo temos:

Q= 100 und

MCu= R$ 1,00 /und

MCt=?

Substituindo os valores, temos:

MCt = Qx MC

MCt = 100x 1.00

MCt = R$ 100,00

A margem de contribuição do produto para aquele dia de trabalho foi de R$ 100,00.

Este resultado de R$ 100,00 será utilizado para pagar os custos fixos e gerar lucro.

O ideal é que esse valor da margem de contribuição total seja maior que os custos fixos alocados ao produto.

Outra forma de se calcular a margem de contribuição total do produto é a partir do preço de venda, do custo variável unitário e da quantidade utilizando a seguinte equação:

MCt = Qx(PV-CVu)

Onde:

MCt = margem de contribuição Total do produto

PV = preço de venda

CVu = custo variável unitário

Q= quantidade vendida no período

No nosso caso temos:

Onde:

MCt = margem de contribuição Total do produto

PV = R$ 2,50 /und

CVu = R$ 1,50 /und

Q= 100 und

Substituindo os valores teremos:

MCt = Qx(PV-CVu)

MCt = 100x(2,50-1,5)

MCt = 100x1,0

MCt = R$ 100,00

Veja que a única diferença entre as duas fórmulas é que na primeira nós precisamos já ter calculado a margem de contribuição unitária.

Tudo bem, mas se a empresa vender mais de um produto?

Nesse caso podemos calcular a margem de contribuição unitária de cada produto da forma como fizemos anteriormente.

Como também podemos calcular a margem de contribuição total de todos os produtos vendidos.

Isso nada mais é que o somatório das margens de contribuição total de cada produto. Matematicamente podemos apresentar da seguinte forma:

MCte = MCt1 + MCt2 +......+ MCtn

MCte= Margem de contribuição total da empresa

MCt1= Margem de contribuição do produto 1

MCt2= Margem de contribuição do produto 2

MCtn= Margem de contribuição do produto n (último produto da empresa)

Vamos para um exemplo prático?

Suponha que o nosso pipoqueiro também venda chocolate, um só tipo de chocolate.

Ou seja, ele tem dois produtos à venda: as pipocas e barras de chocolate

Digamos que em um determinado dia de trabalho o pipoqueiro tenha vendido as mesmas 100 unidade de pipoca e mais 50 unidades de barra de chocolate.

As barras de chocolate tem um custo variável unitário de R$ 2,00 e cada barra de chocolate seja vendida por R$ 5.

A margem unitária de cada barra de chocolate será de quanto?

Neste caso temos:

$MCu = ?$

$PV = R\$ 5,00 / und$

$CVu = R\$ 2,00$

Substituindo teremos:

$MCu = PV - CVu$

$MCu = 5,00 - 2,00$

$MCu = R\$ 3,00$

Cada unidade vendida das barras de chocolate contribui com R$ 3,00 para o pagamento dos custos fixos e geração do lucro.

A margem de contribuição total das barras de chocolate para aquele dia de trabalho, onde foram vendidas 50 unidades, será de:

$MCt = Qx(PV-CVu)$

Onde:

MCt = margem de contribuição Total

PV = R$ 5,00

CVu = R$ 2,00

Q = 50

Substituindo os valores agora nessa fórmula mais detalhada teremos

$MCt = 50x(5-2)$

$MCt = 100x3$

$MCt = R\$ 300,00$

Veja que mesmo vendendo menos que as pipocas, na verdade metade da quantidade, as barras de chocolate estão contribuindo bem mais que as pipocas para o pagamento dos custos fixos.

As barras de chocolate contribuem em R$ 300,00 e as pipocas contribuem em somente R$ 100,00.

Agora que temos a margens de contribuição de cada um dos produtos, podemos calcular a margem de contribuição total da empresa para aquele dia de trabalho.

Assim teremos

MCte = MCt1 + MCt2

MCte = 100 + 300

MCte = R$ 400,00

A margem de contribuição total da venda de pipocas e barras de chocolate para aquele dia de trabalho será então de R$ 400,00.

Esse tipo de situação das barras de chocolate é muito comum no mercado, em muitos casos a empresa gera mais resultado em termos de margem de contribuição não através dos produtos principais comercializados mas de produtos acessórios.

Quer um exemplo bem simples do seu dia a dia?

Você costuma ir assistir cinema na sua cidade?

Quando você vai assistir um filme no cinema você costuma comprar pipoca e refrigerante?

Não sei se você já notou mas é muito comum as pessoas gastarem mais com a pipoca e refrigerante que propriamente com a entrada do cinema.

Possivelmente a margem de contribuição total da venda de pipoca e refrigerante no cinema seja maior do que propriamente a venda de ingressos.

Que outro exemplo?

Em restaurantes, principalmente em *fast-foods*, também isso é muito comum.

O preço dos produtos como hambúrgueres, pizzas e esfirras são até baratos ou dentro do preço de mercado. Muitas das vezes até em promoção.

Mas o preço das bebidas, sorvetes e sobremesas é bem maior, com uma margem de contribuição bem mais elevada.

Outra ferramenta também muito importante quando estamos avaliando custo e preço de venda é um índice markup.

O markup é muito utilizado em empresas comerciais para o cálculo automático do preço de venda.

É muito comum a empresa calcular o markup para um determinado segmento de produtos dentro da linha de produto que a empresa comercializa e aplicar esse markup para todos os produtos daquele segmento.

Tudo bem, vamos então ver mais detalhadamente o que vem a ser o markup e como ele é utilizado.

O que é markup de vendas?

Podemos dizer que markup é um método prático para facilitar a precificação, a atribuição de preço de venda de produtos.

Matematicamente o markup é um número, ou um índice, que quando multiplicado pelo custo dos produtos encontramos o preço de venda.

Ele deve ser suficiente para pagar os custos variáveis e todos os outros custos da empresa. Além disso, ele deve também proporcionar um lucro compatível com o negócio.

Para que você entenda melhor a mecânica do markup, vamos retornar ao nosso exemplo do pipoqueiro.

No exemplo temos um preço de venda de R$ 2,50 e um custo variável de R$ 1,50 por saco de pipoca.

Uma das formas de se encontrar o markup é dividirmos o preço de venda pelos custos variáveis. No nosso caso teremos então:

Markup= PV / CVu

PV= preço de venda

CVU = custo variável unitário

Temos então:

PV= R$ 2,50 / und

CVU = R$ 1,50 / und

Substituindo:

Markup= PV / CVu

Markup= 2,50 /1,50

Markup=1,66667

O markup das pipocas será então de 1,66667.

Veja que se você multiplicar o markup pelo custo variável unitário obteremos o preço de venda:

PV= CVu*markup

PV= 1,50x 1,66667

PV= R$ 2,50 / und

Podemos calcular também o markup para as barras de chocolate:

Temos então:

PV= R$ 5,00 / und

CVU = R$ 2,00 / und

Substituindo:

Markup= PV / CVu

Markup= 5,00 /2,00

Markup= 2,50

O markup das barras de chocolate será então de 2,50.

Veja que ele é bem maior que o markup das pipocas.

O markup das pipocas é 1,66667 e das barras de chocolate é 2,50, em torno de 50% maior.

Essa é uma maneira bem simplificada para identificar o markup multiplicador. Mas a frente veremos algumas outras formas mais detalhadas.

O markup é muito importante e prático. A partir dele podemos aplicar a mesma margem de resultado para produtos semelhantes, em mercados semelhantes.

Ele facilita o processo de precificação quando a empresa trabalha com grupo segmentados de produtos.

No nosso exemplo do pipoqueiro, vamos supor que ele queira aumentar os seus ganhos e passe a vender também chicletes.

Qual o markup você acha que ele deveria utilizar?

O markup das pipocas de 1.67 ou o markup das barras de chocolate de 2.50?

Outra alternativa seria um markup diferente dos dois.

Com certeza uma atitude recomendada seria inicialmente avaliar a concorrência. A partir disso poderíamos avaliar o markup mais indicado, não é verdade?

Markup e preço de venda fácil

O preço de mercado é fator muito importante para determinação do preço de venda e do markup.

Não adianta nada atribuímos preços de produtos muito superior aos de mercado se eles não vão ser vendidos. Preços muito altos tendem a gerar menos vendas.

Não é somente o preço de mercado que vai influenciar o markup. Uma pessoa que está comprando uma pipoca não vai se preocupar muito com o preço de venda de um, não é verdade?

Na prática este tipo de produto (chicletes) normalmente é vendido por impulso. Os consumidores normalmente não costumam acompanhar o preço de venda de chicletes. Tampouco deixam de comprar por conta de um preço um pouco maior.

A situação é bastante diferentemente para produtos de consumo regular de uma casa como açúcar, arroz, feijão, carne ou frango.

A demanda para esses produtos é muito mais sensível ao preço de venda que os produtos vendidos por impulso, como os chicletes.

Se estes fatores são importantes para precificação e determinação do markup, vamos conversar então pouco agora sobre a avaliação do mercado

A avaliação dos preços de mercado

Um dos fatores mais importante para determinação do preço de venda de um produto são os preços praticados pelos seus concorrentes.

Isso é especialmente importante para aqueles itens que nossos consumidores tomam a decisão de venda com base no preço.

Uma pizzaria rodízio, por exemplo. Para a maioria dos consumidores o preço do rodízio de pizza é fundamental na decisão de compra, não é verdade?

Se uma pizzaria tem um preço do rodízio muito superior aos dos seus concorrentes é necessário que ela tenha muito mais benefícios para se tornar atrativa.

Algumas das vantagens poderiam ser um cardápio com mais variedade, um comida com mais qualidade percebida, ambiente mais agradável e limpo, atendimento melhor ou até mesmo alguma localização privilegiada. Restaurantes localizados em pontos turísticos, por exemplo, costumam cobrar preços mais altos.

Para que a empresa consiga vender com um preço maior que a concorrência é preciso que se invista mais em processos, qualidade e principalmente em marketing e propaganda.

O preço do rodízio pode influenciar na decisão de ir para pizzaria, todavia o preço das bebidas não inclusas, como sucos, refrigerantes e bebidas alcoólicas normalmente tem pouca influência na decisão de compra dos seus consumidores.

Outro exemplo onde você pode ver esta mesma situação é em uma padaria. O preço do pão comum influencia certamente na decisão de compra dos seus clientes.

Pães mais elaborados, entretanto, normalmente possuem mais margem de contribuição e podem gerar mais resultados para empresa sem impactar na decisão de compra dos seus clientes.

Muitas das vezes a compra deste tipo de produto se dá na hora da compra, em um processo chamado pelo marketing de decisão por impulso.

Como visto anteriormente teremos então diversas margens de contribuição para diferentes produtos.

A margem de contribuição total da empresa é somatório todas as margens de contribuição de todos os produtos. Ela deve ser suficientemente grande para pagar seus custos fixos e gerar o lucro, que nós chamaremos de lucro operacional.

Markup e preço de venda fácil

Mas o que vem a ser então o lucro operacional?

Como calcular a margem de lucro operacional?

A margem de lucro operacional é o resultado em termos econômico das atividades da empresa. Qualquer negócio para se manter saudável precisa gerar margem de lucro operacional compatível com o investimento feito.

Para calcularmos a margem de lucro operacional de um negócio, utilizando o método de custeio variável, basta que você reduza os custos fixos da margem de contribuição total.

Matematicamente podemos calcular a margem de lucro operacional da seguinte forma:

MLo = MCte - CF

Onde:

MLo = margem de lucro operacional

MCte = margem de contribuição total da empresa

CF= custos fixos

Vejamos então um exemplo.

Vamos supor que o pipoqueiro tenha vendido em um determinado mês 1500 sacos de pipoca e 400 barras de chocolate.

Suponha também que os custos fixos tenham sido de R$ 1.000,00

Mantendo os preços de vendas e custos variáveis vistos, quanto vai ser a margem de contribuição total, a receita total e o lucro operacional?

Vamos começar esse exemplo calculando a receita Total.

A receita total é simplesmente a soma das vendas de todos os produtos.

Para a receita de venda das pipocas é muito simples, basta multiplicar a quantidade vendida pelo preço de venda:

R = Q x PV

R = receita total

Q = quantidade vendida

PV = preço de venda

A receita da pipoca será então:

Q = 1500 und

PV = R$ 2,50 / und

R=?

R = Q x PV

R = 1500x2,50

R = R$ 3.750,00

O pipoqueiro recebeu no total R$ 3.750,00 a partir da venda de pipocas

E as barras de chocolate, quanto ele obteve com a venda?

Q = 400 und

PV = R$ 5,00 / und

R=?

R = Q x PV

R = 400x5

R = R$ 2.000,00

O pipoqueiro faturou então R$ 2.000,00 com a venda de barras de chocolate.

A receita total dos dois produtos vai ser então a soma das vendas de pipocas com a venda das barras de chocolate.

RT= 3750 + 2000 = R$ 5.750,00

Vamos agora calcular a margem de contribuição total dos produtos.

A margem de contribuição das pipocas será de:

MCt = Qx(PV-CVu)

Onde:

MCt = margem de contribuição Total

51

PV = R$ 2,50 / und

CVu = R$ 1,50 / und

Q= 1500 und

Substituindo os valores:

MCt = 1500x(2,50-1,5)

MCt = 1500x1,00

MCt = R$ 1.500,00

A margem de contribuição das pipocas nesse mês foi de R$ 1.500,00.

E a margem de contribuição das barras de chocolate:

MCt = Qx(PV-CVu)

Onde:

MCt = margem de contribuição Total

PV = R$ 5,00 /und

CVu = R$ 2,0 /und

Q= 400

Substituindo os valores:

MCt = 400x(5-2)

MCt = 400x3

MCt = R$ 1.200,00

A margem de contribuição das barras de chocolate será então de R$ 1.200,00.

Somando as margens de contribuição da pipoca e das barras de chocolate teremos a margem de contribuição total da empresa.

Assim:

MCTe= 1500 + 1200 = R$ 2.700,00

Essa margem de contribuição de R$ 2.700,00 vai servir para pagar os custos fixos e o resultado será exatamente lucro operacional.

Da seguinte forma

MLo = MCte - CF

MLo =?

MCTe = R$ 2.700,00

CF= R$ 1.000,00

Substituindo os valores:

MLo = 2700 - 1000

MLo = R$ 1.700,00

A margem de lucro operacional total do mês será então R$ 1.700,00.

Essa é a margem de lucro líquido?

Não necessariamente, se o pipoqueiro obtiver receitas e despesas financeiras por exemplo, teremos que somar a esse resultado operacional as receitas financeiras e reduzir as despesas financeiras.

A margem de lucro líquido

Vamos supor que para gerar esse resultado que ele pegou um financiamento e esteja pagando juros de R$ 100 por mês.

Para exemplificar vamos supor também que neste mesmo mês ele tenha obtido uma receita financeira de R$ 50,00.

Neste caso para encontrar o lucro líquido devemos diminuir dos R$ 1.700,00 o pagamento dos juros que de R$ 100,00 e somar as receitas financeiras de R$ 50,00.

Assim o lucro líquido será de:

Lucro líquido= 1700 - 100 + 50 = R$ 1650,00

Veja que aqui nós estamos colocando somente o pagamento do juros. Isso porque o pagamento da amortização do financiamento entrará nos custos operacionais.

Por exemplo, digamos que o carrinho de pipoca tenha sido financiado.

Se o valor do carrinho foi de R$ 4.000,00 e sua vida útil for de 50 meses, a cada mês nós temos que lançar R$ 80,00 (4000/50) de custo fixo relativo ao carrinho.

Para você saber mais sobre os sistemas de amortização, e as diferenças entre amortização e juros de empréstimos veja esse vídeo no meu canal no YouTube, clique no link logo abaixo: https://youtu.be/UNssyZCdSOg

A situação que foi apresentada é de uma empresa individual informal onde não temos impostos incidentes sobre o lucro.

Todavia, para empresas maiores, você precisa avaliar também os impostos incidentes sobre o lucro, que também vão influenciar lucro líquido.

Para empresas optantes pelo regime simplificado de impostos (SIMPLES) é necessário deduzir o valor correspondente a este imposto para achar o lucro líquido.

A apuração de resultado

Uma das maneiras mais utilizadas para apresentar todos esses resultados vistos até aqui é através de uma apuração de resultado do período.

Existem vários modelos, desde relatórios contábeis até modelos gerenciais.

Vejamos então um modelo gerencial básico que poderíamos montar a partir do nosso exemplo.

No nosso caso, vamos trabalhar com a seguinte estrutura de resultado:

Receita
(-) Custos variáveis
(=) Margem de contribuição
(-) Custos Fixos
(=) Lucro operacioal
(+-) Resultado não operacional
(=) Lucro líquido

Veja que nesse caso temos que somar todos os custos variáveis, a receita e os custos fixos nós já temos.

Os custos variáveis totais serão a soma do custo variável total dos 2 produtos, pipocas e barras de chocolate.

Assim:

CVte= CVtpipoca + CVtchocolate

O custo variável total da pipoca será de:

CVtpipoca= 1500*1,50 = R$ 2.250,00

E o custo variável total do chocolate:

CVtchocolate= 400*2 = R$ 800,00

O custo variável Total será de:

CVt= CVtpipoca + CVtchocolate

CVt= 2250 + 800 = R$ 3.050,00

Pronto agora já temos como montar nossa apuração:

Receita	R$ 5.750,00
(-) Custos variáveis	R$ 3.050,00
(=) Margem de contribuição	R$ 2.700,00
(-) Custos Fixos	R$ 1.000,00
(=) Lucro operacioal	R$ 1.700,00
(+) Resultado não operacional	-R$ 50,00
(=) Lucro líquido	R$ 1.650,00

Como calcular o Lucro operacional por produto

Para você ter um melhor detalhamento dos resultados individuais de cada produto é possível também calcularmos o lucro operacional por produto.

Para isso, precisamos identificar, ou tentar distribuir, a participação de cada um dos produtos na formação dos custos fixos.

Na prática essa alocação de custos dos custos fixos para os produtos de forma direta é difícil de ser feita. Mas podemos fazer de uma maneira indireta e aproximada, através de critérios de rateio.

Para tanto precisamos identificar quanto desses custos fixos está sendo consumido por cada produto ou de que maneira podemos distribuir os custos fixos aos produtos individuais.

Em um supermercado, por exemplo, um critério que poderia ser utilizado poderia ser o volume ocupado pelo produto, tanto na loja quanto na área de estoques.

De uma maneira mais detalhada, e também mais difícil. Mas poderíamos utilizar como critério de distribuição dos custos a quantidade de esforço administrativo necessário para movimentar e gerenciar os produtos.

Para cada situação é necessário fazer uma análise técnica e gerencial de forma a utilizar o melhor critério. Você deve levar em conta sempre a relação custo-benefício do esforço administrativo para obter e detalhar os dados. Como se diz popularmente, para evitar a "economia de palito".

Mas vamos supor que, após uma análise de todos os custos envolvidos, tanto para vender as pipocas como para vender o chocolates, você tenha chegado à conclusão que 60% dos custos fixos tem relação direta com a venda de pipoca e 40% com a venda de chocolate.

Neste caso teremos custos fixos alocados a venda de pipoca no valor de 60% de R$ 1.000,00 que vai ser de R$ 600,00

Como 40% dos custos fixos vão ser alocados à venda de chocolates, teremos 40% de R$ 1.000,00, resultando em R$ 400,00.

A apuração de resultado para venda de pipocas vai ficar da seguinte forma:

Receita	R$ 3.750,00
(-) Custos variáveis	R$ 2.250,00
(=) Margem de contribuição	R$ 1.500,00
(-) Custos Fixos	R$ 600,00
(=) Lucro operacioal	R$ 900,00

Desta forma a pipoca então irá gerar um resultado operacional de R$ 900,00. Para a venda de chocolate teremos os seguintes resultados:

Receita	R$ 2.000,00
(-) Custos variáveis	R$ 800,00
(=) Margem de contribuição	R$ 1.200,00
(-) Custos Fixos	R$ 400,00
(=) Lucro operacioal	R$ 800,00

O lucro operacional da venda de chocolates será então de R$ 800,00.

Veja que se nós somarmos o lucro do chocolate com o lucro da pipoca teremos um lucro total de R$ 800,00 mais R$ 900,00 que vai ser R$ 1.700,00. O que confirma o nosso cálculo anterior.

Agora que chegamos a este ponto do nosso livro tenho certeza que você já tem um conhecimento bem melhor do que sejam custos, de como os custos impactam nos resultados da empresa e de como fazer de forma prática essa alocação de custos e apuração de resultado pelo sistema de custeio variável.

Agora vamos entrar mais diretamente nos detalhes para determinação do preço de venda através dos 5 passos para calcular o preço de venda.

Os 5 Passos para você calcular o preço de venda

A determinação do preço de venda, apesar de muitos acharem que é um cálculo exato, na verdade envolve muitos fatores que nós não temos controle.

Como por exemplo, o comportamento do consumidor, a situação da economia, a oferta e procura de produtos, os impostos, o mercado e muitos outros.

O método desenvolvido aqui vai lhe ajudar a avaliar esses diversos fatores relacionados a colocação dos preços nos produtos.

Um dos fatores mais relevantes é o conhecimento do mercado, concorrentes, clientes e produtos substitutos. Conhecer bem o mercado e seus consumidores é fundamental na hora de se colocar preço.

Isso porque os efeitos de um preço abaixo ou acima do preço de mercado pode gerar tanto um lucro menor como um lucro maior.

Se o preço está muito abaixo do que deveria, você pode está deixando de ganhar dinheiro. Por outro lado, se você colocar um preço muito elevado, você vai vender menos e até perder clientes.

Como já conversamos aqui nesse livro, é possível encontrar alguns produtos que tenham margem menor de lucro para atrair clientes com o objetivo de gerar resultados maiores em produtos acessórios, ou produtos correlatos a esse produto principal.

Em um supermercado por exemplo, os cereais, como arroz, feijão e farinha, costumam ter margem muito menor do que produtos de utilidades, como potes e vassouras.

Afinal as pessoas vão para supermercado principalmente para comprar produtos básicos e não para comprar utilidade, não é verdade?

Dessa forma, o preço de arroz, feijão, farinha, carne, verduras, pão e outros produtos básicos precisam ser definidos de forma muito mais cuidadosa do que produtos de utilidade. O preço desses produtos do nosso dia a dia normalmente tem forte impacto nas vendas e lucro total.

Nos cinco passos que você vai ver aqui nós contemplamos também esse tipo de análise, de forma a lhe ajudar na formação e na determinação do preço de venda.

 A primeira coisa que você precisa fazer antes de determinar o preço é separar e alocar custos, e esse é o nosso primeiro passo.

1 passo: encontrar os custos fixos e variáveis do seu produto e negócio

Em avaliações anteriores nós já detalhamos a estrutura de custos fixos e variáveis. Mas antes de continuarmos, vamos conversar um pouco sobre os sistemas de custeio.

Os sistemas de custeio são utilizados pela contabilidade formal e contabilidade gerencial para se alocar custos e despesas aos produtos.

A separação de custos fixos e variáveis se dá através do modelo de custeio chamado de custeio variável, também conhecido como custeio direto.

O sistema de custeio variável é bem diferente do custeio por absorção. Que é o utilizado pela contabilidade para fazer rateio de custos.

Primeiramente ele não é uma exigência legal, portanto o administrador é quem decide se deve ou não utilizar.

Ele é um método gerencial de fácil aplicação para se tomar decisão. Por isso, muito utilizado na prática por empresas de todos os portes, mas especialmente útil por empreendedores individuais, pequenas e médias empresas.

No custeio variável temos a identificação de um fator muito importante, que é a margem de contribuição.

Através da identificação da margem de contribuição é possível ver quanto cada produto produzido ou comercializado pela empresa está contribuindo para pagar seus custos fixos e gerar lucro.

Outra informação muito importante derivada deste método de custeio é o ponto de equilíbrio.

O ponto de equilíbrio é a quantidade necessária para que os custos e despesas se igualem às receitas.

Na quantidade do ponto de equilíbrio a empresa não tem lucro, mas também não tem prejuízo. Acima desta quantidade temos lucro e abaixo dela temos prejuízo.

No custeio variável temos a separação dos custos e despesas fixas e custos e despesas variáveis.

Os custos e despesas fixas são aqueles que não variam com o volume de produção ou de comercialização.

Já os custos e despesas variáveis totais, por sua vez, variam proporcionalmente com a quantidade produzida e comercializada.

O aluguel do galpão da fábrica, por exemplo, é um custo fixo. Se produzimos 1000 unidades ou 2000 unidades este custo não irá duplicar. Os custos fixos porém são limitados a sua capacidade.

Se a capacidade de produção do galpão é de 100.000 unidade por mês e precisamos aumentar a produção para 200.000 und por mês, então teremos que aumentar a estrutura e capacidade de produção gerando a necessidade de investimento e novos patamares de custos fixos.

O aluguel da sede administrativa da empresa é um exemplo de despesas fixa. É despesa por se tratar de um gasto não ligado à atividade produtiva. É fixos pois não aumenta com o volume de produção.

Já o custo da embalagem do produto é um custo que chamamos de custo variável, pois a produção de 1000 unidades irá gerar 1000 unidades de embalagem. Se produzirmos o dobro, 2000 unidades, teremos o dobro do custo de embalagem, não é verdade?

As despesas variáveis são os gastos que não estão ligados diretamente ao processo produtivo mas variam proporcionalmente com o volume de comercialização. A comissão de venda é um exemplo de despesa variável.

Você pode inclusive somar todas as despesas variáveis com os custos variáveis e chamar tudo isso de custo variável.

Os custos variáveis do produto

Os custos variáveis são aqueles diretamente ligados tanto a produção do produto como a sua comercialização.

Em uma empresa do industrial, por exemplo, podemos identificar diretamente aqueles custos que variam com a quantidade produzida.

A matéria-prima utilizada no processo produtivo vai varia diretamente com a quantidade produzida. Se produzimos 1 unidade vamos ter um valor de uma matéria-prima. Se produzimos mil unidades vamos ter mil vezes esse valor de matéria-prima. Portanto podemos concluir que a matéria-prima é um custo. variável.

Logicamente aqui nesse caso de matéria-prima temos que considerar as perdas normais do processo para calcular o custo.

Se para produzir 1000 kg de produto temos que consumir 1200kg de matéria prima então o valor por quilo de produto produzido será a divisão do valor pago pelos 1200 kg de matéria-prima dividido pelo total de produtos efetivamente produzidos (1000kg).

A energia elétrica de produção de uma fábrica também é outro custo variável. Mais especificamente aquela energia elétrica ligada diretamente às máquinas.

As embalagem também são custos variáveis. Em um ambiente de produção as embalagens e etiquetas são custos variáveis pois variam diretamente a quantidade produzida.

Uma forma muito comum de identificar os custos variáveis do produto um ambiente industrial é através da lista de materiais.

Se você tem um produto com 10 componentes, por exemplo. Cada um desses componentes vai variar proporcionalmente a quantidade produzida e cada um desses componentes serão um custo variável do produto.

Os componentes podem ser produzidos internamente na empresa ou comprados já prontos para a montagem.

Para identificar qualquer custo variável do produto é muito simples, basta avaliar se ele varia diretamente com a quantidade produzida. Se variar será custo variável, se não variar não será custo variável.

Em um ambiente comercial é bem mais simples. Isso porque o produto já vem pronto e você não tem nenhum processo de transformação.

Basta então ver o custo do produto, do transporte, os impostos e comissões incidentes sobre a compra e a venda.

Para cada produto produzido e comercializado precisamos calcular os custos variáveis unitários..

Os custos fixos do negócio

Os custos fixos por sua vez são aqueles que não variam com a quantidade produzida.

É necessário você avaliar mês a mês esses custos, pois eles muita das vezes são relativos ao período e não ao produto.

O aluguel do imóvel por exemplo, ele é pago de forma mensal.

Os salários de supervisores e gerentes, também da mesma forma são pagos de forma mensal.

Segurança, vigilância, seguros e impostos sobre propriedade são outros exemplos de custos fixos também são apropriados de forma mensal.

Mesmo que você pague o IPTU em parcela única, você precisa dividir por 12 para encontrar a parcela mensal.

Para o levantamento de todos esses custos você precisa identificar todos os gastos que não variam com quantidade produzida.

Aqui temos que saber que os custos fixos não necessariamente precisam ser o mesmo valor todo mês.

Os custos gerenciais, por exemplo, podem variar um pouco a cada mês, mas não variam proporcionalmente a quantidade produzida.

Como visto anteriormente nós podemos Inclusive alocar o custo fixo relativo a um determinado produto.

Vejamos um exemplo, digamos que você produza mais de um produto dentro de uma fábrica. É possível atribuir os custos fixos aos produtos para encontrar uma apuração de resultado individual por produto.

Por exemplo:

Digamos que o custo do aluguel de um galpão de 1000 m2 para fabricação de três produtos (A, B e C) seja de R$ 20.000,00 por mês.

O produto A ocupa uma área de 100 m^2 no galpão, o produto B 400 m^2 e o produto C 500 m^2.

Em um determinado mês a empresa produziu 1.000 unidades de A, 2.000 de B e 10.000 de C.

Produto	Quantidade	Área ocupada
A	1000	100
B	2000	400
C	10000	500

Neste caso, para fazermos o rateio do custo de aluguel, o critério mais racional seria utilizar o espaço ocupado por cada um dos produtos no galpão, não é verdade?

Mas como você poderia fazer isso?

Muito simples, basta encontrar a proporção do espaço ocupado na fábrica por cada um dos produtos e depois multiplicar esta porcentagem pelo custo total de aluguel.

O produto A ocupa um espaço de 100 m², que representa 10% do espaço total do galpão.

Mas como foi encontrado esses 10%?

Basta dividir a área ocupada por A (100m²) pela área total do galpão (1.000 m²) e depois multiplicar por 100, para transformar em porcentagem.

% ocupado por A = 100 / 1000 * 100 = 10%

Fazendo esse mesmo cálculo para os outros dois produtos teremos:

% ocupado por B = 400 / 1000 * 100 = 40%

% ocupado por C = 500 / 1000 * 100 = 50%

Assim,

Markup e preço de venda fácil

Produto	Área ocupada	% ocupado
A	100	10,00%
B	400	40,00%
C	500	50,00%
Total	1000	100,00%

Note que a soma dessas proporção deve ser 100%.

Agora para ratearmos o custo de R$ 20.000,00 por mês do aluguel basta multiplicar essas porcentagens pela valor total.

Para o produto A iremos multiplicar 10% por R$ 20.000,00. O custos total de aluguel rateado para o produto A será então:

Custo total de aluguel do produto A = 10%*20000,00 = R$ 2.000,00

Para o Produto B deveremos multiplicar 40% por R$ 20.000, 00

Custo total de aluguel do produto B = 40%*20000,00 = R$ 8.000,00

E para o produto C:

Custo total de aluguel do produto C = 50%*20000,00 = R$ 10.000,00

Assim:

Markup e preço de venda fácil

Produto	% ocupado	Custo total de aluguel
A	10,00%	R$ 2.000,00
B	40,00%	R$ 8.000,00
C	50,00%	R$ 10.000,00
Total	100,00%	R$ 20.000,00

Note que a soma total do custo de aluguel rateado para os três produtos deve somar o valor total de R$ 20.000,00.

Aí você pode perguntar: qual o custo unitário?

Para encontrarmos o custo unitário do aluguel mensal, em um determinado mês, basta dividir este custo total rateado pela quantidade produzida do produto naquele mês.

Para o produto A será R$2,00 por unidade (R$ 2.000,00 dividido por 1000 unidades).

O produto B será R$4,00 por unidade (R$ 8.000,00 dividido por 2000 unidades).

E o produto C será R$1,00 por unidade (R$ 10.000,00 dividido por 10.000 unidades).

Produto	Custo total de aluguel	Quantidade	Custo unitário do aluguel
A	R$ 2.000,00	1000	R$ 2,00
B	R$ 8.000,00	2000	R$ 4,00
C	R$ 10.000,00	10000	R$ 1,00

Veja que o custo total rateado do aluguel para o produto C é o maior deles (R$ 10.000,00), pois tem a maior área.

Mas o custo unitário é o menor deles R$ 1,00, isso porque é o que mais produzimos naqueles mês.

Essa etapa de se calcular e avaliar o custo fixo rateado por produto não é uma obrigação, afinal nem sempre conseguimos encontrar uma relação direta entre a geração dos custos fixos e o custo do produto.

Mas se você conseguir fazer isso, seja por algum critério de área ou consumo, ou até mesmo esforço administrativo, vale a pena fazer um análise tanto da margem de contribuição como da margem de lucro líquido por produto.

Após o levantamento de todos gastos da empresa e a separação deles em fixos e variáveis, o próximo passo para determinação do preço de venda do produto é análise da margem de lucro desejada por cada um deles.

É o que a gente vai ver em seguida.

2 passo: determinar a margem de lucro mínima para o produto

A segunda etapa para você determinar o preço do produto é encontrar a margem de lucro desejada para o produto.

Temos dito que os produtos podem ter margens de lucro diferenciadas de conformidade com a percepção de valor dos clientes e principalmente a estratégia competitiva da empresa.

A influência da estratégia da empresa na margem de lucro

Dentre os muitos modelos conhecidos de estratégia competitiva, o modelo do Michael Porter, desenvolvido nos livros estratégia competitiva e vantagem competitiva, é um dos mais conhecidos e utilizados no mundo inteiro.

Porter diz que existem duas estratégias competitivas genéricas, que podem ser utilizada na maioria dos mercados. A estratégia competitiva da liderança em custo e a estratégia de diferenciação.

Este tipo de abordagem é bastante interessante para discutirmos neste momento. Dependendo da escolha entre uma das duas estratégias, você vai poder estruturar a empresa, sua comunicação e custos de forma a obter o máximo de resultado possível.

Na estratégia de liderança e custo, segundo esse modelo de Michael Porter, a empresa deve perseguir o menor preço de mercado possível. Para isso seus custos devem ser menores que o dos seus competidores.

De nada adianta ter custos superiores e botar preços de vendas inferiores pois assim a margem de rentabilidade pode ficar perigosamente baixa. Podendo inclusive gerar resultados abaixo do ponto de equilíbrio e inviabilizar o retorno sobre o investimento.

A ideia desse modelo de liderança em custo é ter custos menores do que os seus concorrentes, para que os preços de vendas sejam menores.

Uma empresa que consiga ter custos menores que seus concorrentes, e com grandes barreiras para que eles o acompanhem, pode gerar uma vantagem competitiva de difícil de ser superada.

Para esse tipo de estratégia, temos que obter margens de contribuição compatível com os custos variáveis menores e com os custos fixos. Buscando sempre gerar preços de venda menores que seus concorrentes.

Um dos exemplos que você pode ver na prática são as empresas Atacadistas que hoje vendem para o consumidor final.

Neste tipo de loja atacadista, chamada também de atacarejo, os custos operacionais, tanto variáveis como fixos, são bem mais baixos que os comércios varejistas tradicionais.

A estrutura é bem simples, os produtos são dispostos em paletes e a quantidade de funcionários para atendimento é bem menor. As embalagens, quando tem, não são gratuitas e não possuem empacotadores. Em alguns deles não possuem nem ar-condicionado.

Se você perceber os detalhes vai ver que muitos outros custos são bem menores.

Muitas das vezes neste tipo de negócio você tem preços menores para comprar em caixa, ou aderir algum clube de compras da empresa.

Fazendo isso a empresa acaba obtendo uma liderança em custo, maior fidelidade dos clientes e resultados melhores.

Outro tipo de estratégia competitiva apresentada por Porter é a Diferenciação. Nesse tipo de estratégia você precisa diferenciar seus produtos da concorrência e cobrar um pouco mais.

Produtos diferenciados podem ser aqueles em que você precisa investir mais em tecnologia, atendimento ao cliente, distribuição, propaganda, qualidade e marketing. De uma maneira geral a ideia é que seus clientes identifiquem os produtos como melhores que seus concorrentes e substitutos. Fazendo assim você possa ter uma margem de lucro maior sobre cada unidade vendida.

Uma das empresas conhecidas no mundo inteiro por utilizar esse tipo de estratégia é a Starbucks, que é uma empresa que vende cafés italianos.

Essa empresa consegue vender bem mais caro seus cafés, e derivados de cafés, pelo fato de apresentar uma proposta de valor, uma qualidade do produto e divulgação voltados exatamente para esse processo de diferenciação.

Esses dois fatores estratégicos (custo e diferenciação) são extremamente importantes na determinação da margem de lucro mínima de cada produto.

A influência do mix de produtos semelhantes da empresa

Outro fator você também você deve levar em conta, em especial para empresas que já estão em funcionamento, são os produtos semelhantes da empresa.

Em um supermercado, por exemplo, se você vai colocar um novo produto, uma nova marca de arroz, você vai verificar as margens de lucratividade das outras marcas de que você já está vendendo. A tendência é que produtos do mesmo segmento tenham margens semelhantes.

Para cada tipo de produto e cada segmento procure identificar uma margem média a ser utilizada.

Não quer dizer, entretanto, que para um produto específico você não possa ter uma margem de lucro maior ou menor. Mesmo produtos do mesmo segmento podem ter margens de lucro diferenciadas.

Não é uma regra definitiva, até mesmo porque o processo de colocação de preço de produtos não existem regras rígidas.

Todavia, muitos produtos com valores mais baixos podem ter imagens maiores.

Em um setor de bombons e chocolates no supermercado, por exemplo, o preço das balas, que costumam ter preço de venda bem menores, tendem a ter margens de lucro bem maior do que as barras de chocolate ou caixas de chocolate.

Outro fator muito importante também para determinação das margens é o nível de concorrência dos produtos e segmentos de mercado.

Olhar para os seus concorrentes e produtos substitutos também é muito importante.

Ver o que seus concorrentes estão fazendo

Em relação aos concorrentes você precisa avaliar até que ponto uma mudança na margem de lucro de um produto vai fazer com que o próprio concorrente também baixe ou aumente a margem de lucro.

Avalie também até que ponto os clientes estão dispostos a comprar um pouco mais caro com você.

Um atendimento melhor e mais rápido, a acessibilidade da empresa, a qualidade e localização também podem fazer uma grande diferença.

Veja que atualmente para muitos produtos é possível fazer compras pela internet, muita das vezes até por preços mais baixos do que o comércio físico.

Você precisa considerar também que a venda pela internet é um concorrente.

Mas ai você pode se perguntar porque muitas pessoas continuam comprando em lojas físicas, mesmo em alguns casos com preços maiores.

Algumas das respostas são a disponibilidade imediata do produto, a facilidade de troca, o atendimento pessoal, a possibilidade de experimentar o produto e a confiança na empresa.

Todavia se um determinado mercado possui muitos concorrentes, vendendo o mesmo produto as margens tenderão a serem menores.

Por outro lado, produtos com pouca concorrência, grande diferenciação e alta demanda tendem a ter margens de lucro maiores.

Neste caso, podemos citar aqueles produtos ondem existem poucos produtores ou o custo de transporte, ou prazo de validade muito curto, pode inviabilizar a concorrência em determinadas regiões.

Por exemplo, a venda de água mineral normalmente é feita por produtores locais. O transporte de água mineral para distâncias muito longas pode fazer com que o custo de transporte seja maior do que o próprio custo do produto. Inviabilizando assim a entrada em mercados distantes.

Outro fator também muito importante são os produtos substituto.

Avalie os produtos substitutos

A maioria dos produtos possui produtos substitutos que limitam o preço de venda.

Um exemplo clássico é a margaria e a manteiga. Se o preço da manteiga sobe muito as pessoas tendem a substituir a manteiga pela margarina, que costuma ser mais barata.

Por outro lado, se o preço da manteiga cai para um preço próximo da margarina a tendência é que as pessoas passem a comprar mais manteiga.

Os combustíveis também são outro exemplo. O consumo de álcool combustível está diretamente ligado ao preço da gasolina.

O álcool combustível tem um rendimento em termos de quilômetros por litro menor do que o da gasolina, porém ele custa menos.

Na comparação de preços entre o álcool e a gasolina é preciso levar em conta esse rendimento. Normalmente o consumidor avalia a opção entre o álcool e a gasolina a partir do custo por quilômetro.

Se o preço da gasolina aumenta mais do que o preço do álcool, isso faz com que o custo por quilômetro seja maior do que o do álcool, as pessoas tendem a consumir mais álcool.

O contrário também é verdadeiro, se o preço do álcool aumenta mais que o preço da gasolina, fazendo com que seu custo por quilômetro seja maior, as pessoas tendem a consumir mais gasolina.

As margens de lucro, portanto, dependem também dessa influência dos produtos substitutos. No caso do combustível existe ainda um outro fator importante, que é o poder dos fornecedores.

O preço dos combustíveis é fortemente influenciado pelos produtores, sejam de álcool combustível ou gasolina.

Para determinar as margens de lucratividade desejadas é importante avaliar todos esses fatores vistos.

E logicamente testar as margens em relação ao resultado. Avaliando em termos de venda e de lucro. Mais à frente vamos discutir um pouco mais sobre essa questão de reavaliação de preço.

3 passo: calcular o preço de venda utilizando o markup

Agora que já temos todos os custos e já avaliamos as margens de lucratividade desejada, o próximo passo é encontrar o markup e calcular o preço de venda.

Existem várias formas de se calcular o markup de venda. Nos nossos exemplos vamos utilizar o markup multiplicador e o markup divisor.

No markup multiplicador vamos pegar o custo do produto e multiplicar pelo indicador de markup para encontrar o preço de venda.

No markup divisor encontramos o preço de venda a partir da divisão do custo pelo markup divisor.

Vejamos então em detalhes e com exemplos como se aplicar o markup para calcular preço de venda.

Como calcular o preço de venda utilizando um markup multiplicador

O markup é um número que aplicamos, seja multiplicando ou dividindo, sobre o custo de um produto para encontrarmos o preço de venda.

Na metodologia que você vai acompanhar a seguir, vamos multiplicar um indicador de markup pelos custos variáveis para encontrarmos o preço de venda. Ou seja, vamos utilizar a seguinte fórmula para encontrar o preço de venda:

Preço de venda = Custo variável unitário x Markup multiplicador

Inicialmente vamos ver modelos mais simples e básicos depois entraremos com modelos mais completos.

No nossos primeiro exemplo, vamos supor a seguinte situação.

Nós temos à venda somente um produto que tem custo variável de R$ 10,00. Esse valor é referente o somatório de todos os gastos variáveis relativos à produção e comercialização do produto.

Os custos fixos totais são de R$ 2.000,00 por mês.

A margem de lucratividade desejada sobre o faturamento, sobre a receita obtida no período, é de 20%.

Neste caso, para calcularmos o preço de venda existe outro fator muito importante, que é a estimativa de venda. Precisamos saber qual é a quantidade que esperamos vender do produto no período.

Veja que para calcularmos o preço de venda precisamos de uma estimativa para a demanda do produto. Isso acontece porque os custos fixos são relativos a um período de tempo e precisamos incluir esses custos a nossa apuração de resultado. Dessa forma, precisamos de uma estimativa em termos de quantidade vendida.

Logicamente ao calcularmos o preço de venda dessa forma estamos falando que vamos vender a quantidade prevista ou uma quantidade de maior.

Se vendemos menos do que o previsto, o preço de venda não vai gerar a margem de lucratividade desejada, que nosso caso que é de 20% sobre a receita.

Se a quantidade vendida for maior do que a nossa estimativa de venda, o nosso lucro será maior do que a 20%.

No nosso exemplo vamos supor que nós estamos estimando a venda de 1.000 unidades.

Assim, teremos as seguintes informações:

CVu= Custo variável unitário = R$ 10,00 / und

CF= custo fixo =   R$ 2.000,00 por mês

Q= quantidade estimada de venda= 1.000 und por mês

%L= percentual de lucro sobre a venda = 20%= 20/100 = 0,20

Veja que o percentual de lucro sobre venda de 20% foi convertido em um número decimal de 0,20. Pois 20% é mesma coisa que é 20 / 100, que é igual a 0,20.

De posse dessas informações, nós queremos agora encontrar o markup multiplicador, que iremos chamar de MM.

A fórmula para calcular o preço de venda nessa situação é a seguinte

$$MM = \frac{Q * CV + CF}{CV * Q(1 - \%L)}$$

Se substituirmos os dados da nossa situação na equação teremos:

$$MM = \frac{1000 * 10 + 2000}{10 * 1000(1 - 0{,}20)}$$

Resolvendo teremos:

$$MM = \frac{12000}{8000}$$
$$MM = 1{,}5$$

O nosso markup multiplicador será então de 1,5.

Para encontrarmos o preço e venda basta multiplicarmos esse markup multiplicador pelo custo variável unitário.

$$PV = CVu * MM$$

Teremos então preço de venda de:

$$PV = 10 * 1{,}50 = R\$15{,}00$$

O preço de venda que irá fazer com que tenhamos um percentual de lucro sobre o faturamento de 20% será de R$ 15,00.

Muito simples não é?

Para provarmos que este preço de venda vai gerar realmente um percentual de lucro de 20% sobre o faturamento, vamos fazer a nossa apuração de resultado como fizemos nos capítulos anteriores do livro.

Vamos utilizar o nosso modelo de apuração lucro:

Receita	Qx PV
- custos variáveis totais	QxCVu
(=) Margem de contribuição	Receita - Custos variáveis totais
- custos fixos	CF
(=) Lucro operacioal	Margem de contribuição - CF

Substituindo os nossos valores teremos.

Receita	1000*15 = 15000
- custos variáveis totais	1000*10 = 10000
(=) Margem de contribuição	15000 - 10000 = 5000
- custos fixos	2000
(=) Lucro operacioal	5000- 2000= 3000

Veja que o lucro operacional foi de R$ 3.000,00.

Se dividirmos pela receita de vendas, que foi R$ 15.000,00, teremos o percentual de lucro sobre a venda de 20%:

% lucro sobre a venda = 3000 / 15000 = 0,20 = 20%

Assim, podemos concluir que nessa situação realmente um markup de 1,5 vai gerar um preço de venda de R$ 15,00, que por sua vez vai gerar nossa margem de lucratividade desejada de 20% para uma venda de 1.000 unidades.

Como calcular o preço de venda utilizando um markup multiplicador

Outra forma de se calcular o preço de venda é utilizando o markup divisor. Para isso basta que ao invés de multiplicarmos custo variável unitário pelo markup multiplicador vamos fazer o contrário vamos dividir o custo variável, agora pelo markup divisor.

As fórmulas para calcular o markup divisor (MD) e o preço de venda a partir do markup divisor são respectivamente:

$$MD = \frac{CVu * Q(1 - \%L)}{Q * CVu + CF}$$

$$PV = \frac{CVu}{MD}$$

Vamos resolver o mesmo exemplo. Substituímos os nossos valores na fórmula vamos encontrar o markup divisor e o preço de venda da seguinte forma:

$$MD = \frac{CVu * Q(1 - \%L)}{Q * CV + CF}$$

$$MD = \frac{10 * 1000(1 - 0,20)}{1000 * 10 + 2000}$$

$$MD = \frac{8000}{12000}$$

$$MD = 0,66666$$

Markup divisor de 0,66666. Agora é calcular o preço de venda:

$$PV = \frac{10}{0,66666}$$

$$PV = R\$ \, 15,00$$

Veja que o preço de venda deu exatamente o mesmo, tanto utilizando markup divisor como markup multiplicador.

Na prática o mais utilizado é o markup multiplicador, mas se você desejar pode também utilizar o markup divisor.

Outra coisa que você deve ver é que nesta situação não estamos considerando a existência de custos incidentes sobre o preço de venda.

Na prática porém é muito comum termos custos e despesas sobre o preço de venda.

Como por exemplo as comissões de vendedores, que normalmente são incidente sobre o preço de venda e consequentemente sobre faturamento.

Outro exemplos são alguns impostos, como o simples nacional que incide sobre o preço de venda.

Vejamos então este caso.

Como calcular o preço de venda utilizando um markup multiplicador com custos incidentes sobre a venda

Vamos então para outro exemplo onde nós temos todos os elementos da situações anteriores e acrescentamos ainda alguns custos incidentes sobre o preço de venda ou sobre o faturamento.

Vamos considerar um produto cujos custos variáveis unitários somem R$ 8,00. Os custos fixos mensais serão de R$ 10.000,00. E a estimativa de venda é de 10.000 unidades por mês.

Vamos considerar também que a margem de lucro sobre o faturamento desejada seja de 20%.

Sobre o faturamento da empresa temos que pagar comissões de 8% para os seus vendedores e 12% de imposto.

Neste caso, como podemos calcular então o markup multiplicador e o preço de venda?

Resumindo as informações que nós temos:

CVu= Custo variável unitário = R$ 8,00 /und

CF= custo fixo = R$ 10.000,00 por mês

Q= quantidade estimada de venda= 10000 unidades por mês

%L= percentual de lucro sobre a venda= 20%= 20/100 = 0,20

%C= percentual de comissão sobre a venda= 8%= 8/100 = 0,08

%I= percentual de imposto sobre a venda= 12%= 12/100 = 0,12

De posse dessas informações nós queremos encontrar o markup multiplicador.

A fórmula para calcular o preço de venda agora é a seguinte:

$$MM = \frac{Q * CVu + CF}{CVu * Q(1 - \%L - \%C - \%I)}$$

Se substituirmos os dados na equação teremos:

Markup e preço de venda fácil

$$MM = \frac{10000 * 8 + 10000}{8 * 10000(1 - 0,20 - 0,08 - 0,12)}$$

Resolvendo:

$$MM = \frac{90000}{80000(1 - 0,4)}$$

$$MM = \frac{90000}{80000 * 0,6}$$

$$MM = \frac{90000}{48000}$$
$$MM = 1,875$$

O Markup multiplicador para essa situação será então de 1,875.

Para calcularmos o preço de venda que irá gerar o resultado 20% de lucro sobre o faturamento será o resultado da multiplicação do markup multiplicador pelo custo variável unitário:

$$PV = CVu * MM$$

Teremos então preço de venda de

$$PV = 1,875 * 8 = R\$15,00$$

Markup e preço de venda fácil

O preço de venda será então de R$ 15,00.

Para provarmos que este preço de venda vai gerar realmente um percentual de lucro de 20% sobre o faturamento, vamos fazer a nossa apuração de resultado utilizando o seguinte modelo de apuração lucro:

Receita	Qx PV
(-) custos variáveis totais	QxCVu
(-) comissões sobre a venda	QxPVx%C
(-) Impostos sobre a venda	QxPVx%I
(=)margem de contribuição total	Receita - Custos variáveis totais
(-) custos fixos	CF
(=) lucro operacional	Margem de contribuição - CF

Substituindo os nossos valores teremos:

Receita	10000x15= 150000
(-) custos variáveis totais	10000x8 = 80000
(-) comissões sobre a venda	10000x15x0,08 = 12000
(-) Impostos sobre a venda	10000x15x0,12 = 18000
(=)margem de contribuição total	150000 - (80000+12000+18000)= 40000
(-) custos fixos	10000
(=) lucro operacional	40000 - 10000 = 30000

Veja que o lucro operacional foi de R$ 30.000,00. Se dividirmos pela nossa receita de vendas, que foi R$ 150.000,00, teremos o percentual de lucro sobre a venda de 20%:

% lucro sobre a venda = 30000 / 150000 = 0,20 = 20%

Assim, podemos concluir que nessa situação realmente um markup de 1,875 vai gerar um preço de venda de R$ 15,00, que por sua vez vai gerar nossa margem de lucratividade desejada de 20% para uma venda de 10.000 unidades por mês.

Com esses dois modelos vistos aqui e todas as informações estratégicas já dá para você fazer muita coisa em relação ao preço de venda.

Você pode avaliar a sensibilidade das variações de margem de lucratividade em relação ao preço de venda por exemplo.

Você também pode estimar o efeito de uma variação de margem de lucratividade do produto em relação ao preço de venda. Digamos que você aumente de 20 para 25% a sua margem de lucro, quanto ficaria o novo preço de venda?

Ou o contrário, se você baixar essa sua margem quanto teria que ser o preço de venda.

O ideal é que essa avaliação seja feita em conjunto com os preços de mercado, ou seja, os preços dos produtos concorrentes e até de produtos substitutos. É exatamente o que você vai conferir a seguir.

4 passo: Como analisar e ajustar os preços

O próximo passo após a determinação do preço de venda é avaliar se ele será competitivo em relação ao mercado, aos produtos substitutos e em relação aos outros produtos da empresa.

Um preço muito superior ao de mercado teria que ser justificado por uma qualidade maior, atendimento melhor ou um maior valor percebido pelos seus clientes.

Lembre-se que na hora que você foi fazer a determinação do preço de venda foi estimada uma determinada quantidade de venda. Essa estimativa de venda tem relação direta com o preço de venda que você vai colocar.

Se ao calcular o preço de venda você achar que essa quantidade não vai ser atingida, será necessário fazer novas estimativas de preço e de quantidade.

É preciso que você fique atento também a outros fatores para fazer este ajuste do preço. Como por exemplo o esforço de marketing da empresa. Para você vender a R$ 15,00 terá que fazer mais esforço de marketing? Ou o contrário, neste preço você não precisaria investir em marketing para atingir as metas de vendas.

Então, o próximo passo depois da determinação do preço de venda é avaliar se o preço é compatível com o mercado, se está mais baixo ou mais alto que o mercado

Em alguns casos é possível você chegar à conclusão de que é possível aumentar um pouco mais o preço e manter a previsão de vendas.

Por exemplo, se você pode chegar à conclusão que se aumentar o preço de venda de R$ 15,00 para R$ 16,00 não vai alterar a quantidade vendida de 10.000 unidades, é uma situação bem melhor para empresa pois irá gerar um aumento no lucro operacional de 1,00 por unidade e de R$ 10.000,00 no período.

Mas para isso é preciso você pesquisar o mercado, seus concorrentes e clientes. Seguem algumas dicas para você obter essas informações.

Se você tiver uma equipe de vendas externas é possível conversar com os vendedores, pois eles estão em constante contato com seus clientes e com o mercado. Eles podem dar uma opinião em relação a essa quantidade e o preço de venda também.

Em relação aos vendedores você deve ter apenas um cuidado, eles sempre estão buscando vender mais para atingir suas metas e ganhar mais comissão sobre vendas.

Logicamente o vendedor pode querer um preço mais baixo que o de mercado para vender mais e ganhar mais comissão. Os vendedores normalmente são remunerados pelas vendas e não pelo lucro.

Apesar isso a opinião dos vendedores ainda é muito importante. Todavia, não a única, você precisa também buscar outras informações.

Os fornecedores e representantes de venda também são outras fontes de informação. Na medida em que eles estão visitando outras empresas para colocar seus produtos no mercado, inclusive nos seus concorrentes, eles tem informações que podem ser úteis para você avaliar o preço.

Procure saber dos representantes para quem eles estão vendendo, e qual quantidade está sendo colocada no mercado.

Também seria interessante saber se todos seus concorrentes estão comprando pelo mesmo preço, pois alguns fornecedores tem como política de venda descontos para compras maiores.

Uma outra fonte de informação é a internet. Em especial quando estamos trabalhando com comércio onde o produto já vem pronto.

É interessante você acompanhar os sites e redes sociais dos seus principais concorrentes. Muitos já estão utilizando esses canais de comunicação para promover seus produtos.

Em alguns casos você pode consultar o preço de venda dos produtos diretamente na nos sites das empresas.

Em empresas que trabalham com televendas você pode inclusive ligar para empresa e perguntar os preço. Outra alternativa é ir diretamente nos concorrentes para verificar os preços praticados.

Se você tem um pequeno mercado próximo a um grande supermercado é muito importante verificar com regularidade os preços e promoções antes de avaliar o preço dos seus produtos.

Nas visitas a supermercados você tem condições de avaliar também o potencial de venda dos produtos. Se um produto tem uma grande área de exposição dentro da loja significa que ele tá vendendo muito, se ele tem uma área pequena no supermercado ele vende menos.

Também importante é você avaliar se existe alguma empresa fazendo promoção do produto que você está avaliando o preço. É preciso avaliar o preço de mercado dessas promoções porque muitas das vezes o próprio fornecedor ajuda com bonificações e preços mais fácil baixos para vender mais. Isso faz com que os concorrentes passem a ter dificuldade de vender o produto pelo mesmo preço.

Em especial dê atenção aos grandes concorrentes, aqueles que têm um poder de barganha (poder de compra) sobre os fornecedores.

Tenha cuidado apenas para não achar que sua estratégia competitiva se resume a preços menores. Esse é um erro que muitos cometem. Como dito anteriormente, o marketing não é só preço de venda.

Se você for pequeno e tiver dificuldade de acompanhar os mesmos preços praticados por concorrentes maiores, procure desenvolver uma estratégia de diferenciação e segmentação. A estratégia de buscando nichos específicos de mercado em muitos casos de pequenos negócios pode ser a mais adequada.

Outro fator que pode influenciar a determinação do preço é o contexto da venda. Um copo dentro de um supermercado tem um preço muito menor que uma garrafa d'água vendida dentro do cinema ou dentro de uma avião de uma companhia aérea tipo "*low cost*", que por sua vez tem um valor muito menor do que uma garrafa d'água no meio do deserto.

Para finalizar a aplicação e avaliação do preço de venda é necessário analisar a sensibilidade do preço em relação ao volume e o ponto de equilíbrio operacional.

5 passo: como avaliar a sensibilidade do preço, volume e ponto de equilíbrio

Essa nossa última etapa é importante para produtos ou grupo de produtos que possuem alto volume de vendas e que possa impactar significativamente os resultados.

Já discutimos em outras partes do livro a questão da quantidade demandada. Agora vamos avaliar em detalhes a relação entre o preço e volume de vendas.

Se você vender uma quantidade menor logicamente o preço de venda deveria ser maior para atingir o mesmo lucro desejado. O contrário também é verdade, se você baixar o preço vai ser necessário vender mais para atingir o mesmo lucro.

A avaliação dessa relação chamamos de análise de sensibilidade.

Mas antes de fazermos essa análise é importante explicar melhor o conceito de ponto de equilíbrio. Assim você vai entender o efeito no lucro a partir de uma variação no preço de venda e na quantidade vendida.

O que é o ponto de equilíbrio?

Em finanças chamamos ponto de equilíbrio à quantidade produzida e comercializada por um empresa que faz com que os custos totais se igualem às receitas totais.

Sabendo que o lucro é igual a receitas menos custos, no ponto de equilíbrio o lucro é igual a zero.

Para você entender melhor vamos exemplificar.

Vamos utilizar as seguintes variáveis para os nossos exemplos:

CF = custo fixo

CV= custo variável total

CVu= custo variável unitário

PV= preço de venda

CT = custo total

L = lucro

MCu= margem de contribuição unitária

R= receita

Q= quantidade

Qpe= quantidade do ponto de equilíbrio

Rpe= receita do ponto de equilíbrio

Vamos então ao nosso exemplo:

Markup e preço de venda fácil

Uma indústria que produz apenas um produto deseja saber quanto precisaria vender para pagar seus custos.

Informações disponíveis:

Preço de venda: R$ 24,00/unidade.

Custo variável unitário: R$ 12,00/unidade.

Custo fixo: R$ 12.000/mês

Vamos inicialmente calcular o lucro supondo inicialmente que a empresa não venda nada, ou seja Q=0

A fórmula do lucro é: lucro é igual a receita total menos o custo total.

$L = R - CT$

Sendo que a receita é igual à quantidade vezes o preço de venda

$R = Q * PV$

O custo total é igual ao custo fixo mais o custo variável total

$CT = CF + CV$

O custo variável é igual à quantidade vezes o custo variável unitário.

$CV = Q* CVu$

Substituindo todas as fórmulas anteriores na fórmula para encontrar o lucro teremos:

Markup e preço de venda fácil

$L = R - CT$

$L = Q * PV - (CF + CV)$

$L = Q * PV - (CF + Q* CVu)$

A fórmula para calcular o lucro será então:

$L = Q * PV - (CF + Q* CVu)$

Guarde essa fórmula, pois iremos usar nas nossas avaliações.

Pronto agora podemos calcular o lucro para Q=0.

Temos então as seguintes informações:

Preço de venda (PV): R$ 24,00/unidade.

Custo variável unitário(CVu): R$ 12,00/unidade.

Custo fixo (CF): R$ 12.000/mês

Quantidade (Q) = 0

Fórmula para calcular o lucro: $L = Q* PV - (CF + Q* CVu)$

Substituindo, temos:

$L = 0* 24 - (12000 + 0* 12)$

$L = 0 - (12000 + 0)$

$L = -12000$

$L = - R$ 12.000,00$

Note que o resultado foi um lucro negativo. Lucro negativo significa prejuízo.

Se a empresa não vender nada ela terá um prejuízo operacional de R$ 12.000,00.

Este prejuízo é exatamente o valor do custo fixo.

E se ela vender 500 unidades, quanto será o lucro?

Neste caso teremos:

Preço de venda (PV): R$ 24,00/unidade.

Custo variável unitário(CVu): R$ 12,00/unidade.

Custo fixo (CF): R$ 12.000/mês

Quantidade (Q) = 500

Fórmula para calcular o lucro: $L = Q * PV - (CF + Q * CVu)$

Substituindo os valores:

$L = Q * PV - (CF + Q * CVu)$

$L = 500 * 24 - (12000 + 500 * 12)$

$L = 12000 - (12000 + 6000)$

$L = 12000 - 18000$

$L = - R\$ 6.000,00$

Veja que ainda estamos com prejuízo, neste caso reduzimos de R$ 12.000,00 para R$ 6.000,00.

Teremos então que vender mais que 500 unidades.

Markup e preço de venda fácil

Vamos supor que a venda seja de 1500 unidades, quanto será o lucro?

Neste caso teremos:

Preço de venda (PV): R$ 24,00/unidade.

Custo variável unitário(CVu): R$ 12,00/unidade.

Custo fixo (CF): R$ 12.000/mês

Quantidade (Q) = 1500

Fórmula para calcular o lucro: $L = Q* PV - (CF + Q* CVu)$

Substituindo os valores:

$L = 1500* 24 - (12000+ 1500* 12)$

$L = 36000 - (12000+ 18000)$

$L = 36000 - 30000$

$L = 6.000,00$

Pronto agora temos lucro. Para uma venda de 1500 unidades teremos lucro de R$ 6.000,00.

Temos até agora os seguintes resultados:

Para Q= 0 o lucro será: $L = - R\$ 12.000,00$

Para Q= 500 o lucro será: $L = - R\$ 6.000,00$

Para Q= 1500 o lucro será: $L = R\$ 6.000,00$

Veja que entre 500 unidades e 1500 unidades deve existir uma quantidade que faz com que o lucro seja igual a zero.

A partir dessa quantidade teremos lucro, abaixo dela prejuízo.

Tudo bem, então nós queremos saber agora qual quantidade produzida que faz com que o lucro será zero, não é verdade?

Essa vai ser exatamente a quantidade do ponto de equilíbrio (Qpe).

Para identificar ela, vamos pegar então a fórmula do lucro e substituir por lucro = 0.

Dessa forma encontramos a fórmula que vai nos dá a quantidade em que o lucro será zero:

Vamos lá então.

Fórmula do lucro: $L = Q^* PV - (CF + Q^* CVu)$

Substituindo por L=0:

$0 = Q^* PV - (CF + Q^* CVu)$

Vamos organizar a fórmula para encontrar a quantidade Q:

$0 = Q^* PV - CF - Q^* CVu$

$0 = Q^* PV - Q^* CVu - CF$

$0 = Q^*(PV - CVu) - CF$

$CF = Q^*(PV - CVu)$

$Q^*(PV - CVu) = CF$

Q = CF / (PV – CVu)

Pronto, encontramos a fórmula para calcular a quantidade quando o lucro for zero, quantidade do ponto de equilíbrio (Qpe):

Qpe = CF / (PV – CVu)

Essa fórmula é chamada em finanças e custos de fórmula do ponto de equilíbrio. Também chamada de fórmula do ponto de equilíbrio contábil.

Vamos então substituir nosso valores na fórmula e testar para ver se realmente o lucro será igual a zero?

Teremos então:

Preço de venda (PV): R$ 24,00/unidade.

Custo variável unitário(CVu): R$ 12,00/unidade.

Custo fixo (CF): R$ 12.000/mês

Fórmula para calcular o lucro: L = Q* PV – (CF + Q* CVu)

Fórmula para a quantidade do ponto de equilíbrio: Qpe = CF / (PV – CVu)

Vamos inicialmente substituir os valores para calcular o ponto de equilíbrio e depois testamos na fórmula do lucro.

Então:

Qpe = CF / (PV – CVu)

Qpe = 12000 / (24 – 12)

Qpe = 12000 / 12

Qpe = 1000 unidades

Pronto, a quantidade que faz com que o lucro seja zero é de 1000 unidades.

Vamos ver se isso realmente é verdade?

L = 1000* 24 – (12000 + 1000* 12)

L = 24000 – (12000 + 12000)

L = 24000 – 24000

L = 0

Está correto, a quantidade em que faz com que o lucro seja zero é exatamente 1000 unidades.

Se vendermos 1001 unidades teremos lucro, se vendermos 999 unidades teremos prejuízo.

Note que na fórmula do ponto de equilíbrio o CF é dividido pela margem de contribuição unitária (MCu= PV- CVu):

Qpe = CF / (PV – CVu)

Podemos apresentar a fórmula também da seguinte forma:

Qpe = CF / MCu

MCu = 24-12 = 12

Qpe = 12000 / 12 = 1000

Outra coisa interessante é que se vendemos 1001 unidades, estaremos 1 unidade acima do ponto de equilíbrio e o nosso lucro será de uma margem de contribuição unitária (R$ 12,00).

$L = Q^* PV - (CF + Q^* CVu)$

$L = 1001^* 24 - (12000 + 1001^* 12)$

$L = 24024 - (12000 + 12012)$

$L = 24024 - 24012$

$L = R\$ 12,00$

E se vendermos uma unidade a menos que o ponto de equilíbrio teremos prejuízo de uma margem de contribuição unitária (- R$12,00):

$L = Q^* PV - (CF + Q^* CVu)$

$L = 999^* 24 - (12000 + 999^* 12)$

$L = 23976 - (12000 + 11988)$

$L = 23976 - 23988$

$L = - R\$ 12,00$

Isso nos leva a concluir que a cada unidade acima da quantidade do ponto de equilíbrio aumentarmos nosso lucro em uma margem de contribuição unitária (R$12,00).

E a cada unidade abaixo do ponto de equilíbrio aumentamos nosso prejuízo em uma margem de contribuição unitária (-R$ 12,00).

Muito interessante, não é?

Veja como é importante saber avaliar a margem de contribuição dos produtos.

Mas tudo bem, vamos em frente.

E se nós quisermos saber qual a receita que teremos que ter para atingir o ponto de equilíbrio.

Nós sabemos que a receita é igual à quantidade vezes o preço de venda:

R= Q *PV

A receita do ponto de equilíbrio será então a quantidade do ponto de equilíbrio vezes o preço de venda:

Rpe= Qpe *PV

Nesse caso a quantidade do ponto de equilíbrio é 1000 unidades, então a receita do ponto de equilíbrio será:

Rpe= Qpe *PV

Rpe = 1000*12

Rpe = R$ 12.000,00

Podemos concluir então que se a empresa vender 1000 unidades ela vai ter uma receita de R$ 12.000,00 e irá gerar lucro zero.

Portanto, para ter lucro ela precisa vender mais de R$ 12.000,00.

Na prática as empresas procuram estabelecer metas de resultado gerando lucro não é verdade?

Então como fazemos para saber qual a quantidade e receita que teremos que atingir para obter um determinado valor de lucro?

Neste caso queremos saber o ponto de equilíbrio econômico.

Vamos ver agora este tipo de decisão.

Como calcular o ponto de equilíbrio econômico?

Podemos dizer que o ponto de equilíbrio econômico é a quantidade que precisa ser vendida pela empresa para que se consiga um determinado lucro.

Para encontrar o ponto de equilíbrio econômico você precisa utilizar a seguinte fórmula:

$Qe = (CF + L) / (PV - CVu)$

Qe = quantidade do ponto de equilíbrio econômico.

Note que a diferença dela em relação a quantidade do ponto de equilíbrio contábil, que foi visto anteriormente, é que somamos o lucro aos custos fixos.

Vamos testar a fórmula da quantidade do ponto de equilíbrio econômico utilizando o exemplo anterior?

Suponha que a empresa queira obter um lucro de R$ 12.000,00, quantas unidades ela teria que vender e qual a receita seria necessária?

Teremos então:

Preço de venda (PV): R$ 24,00/unidade.

Custo variável unitário(CVu): R$ 12,00/unidade.

Custo fixo (CF): R$ 12.000/mês

Quantidade (Q) = 1500

Lucro (L) = R$ 12.000,00

Fórmula do lucro: $L = Q * PV - (CF + Q * CVu)$

Fórmula do ponto de equilíbrio econômico: $Qe = (CF + L) / (PV - CVu)$

Substituindo os valores temos:

$Qe = (CF + L) / (PV - CVu)$

$Qe = (12000 + 12000) / (24 - 12)$

$Qe = 24000 / 12000$

Qe = 2000 unidades

Veja que temos que vender 2000 unidades para obter um lucro de R$ 12.000,00.

Vamos testar na fórmula do lucro para Q=2000?

L = 2000* 24 – (12000 + 2000* 12)

L = 48000 – (12000 + 24000)

L = 48000 – 36000

L = 48000 – 36000

L = R$ 12.000,00

Perfeito, é isso mesmo. Temos que vender 2000 unidades.

E qual seria então a receita que teríamos que ter?

Re = Q * PV

Re= receita do ponto de equilíbrio econômico

Neste caso a quantidade será de 2000 unidades:

Re = 2000 * 24

Re = R$ 48.000,00

Precisaríamos ter uma receita de R$ 48.000,00 para obter um lucro de R$ 12.000,00.

Outra situação seria se quisermos calcular um preço de venda para atingir um determinado lucro, veja a seguir.

Como colocar preço dos produtos através da análise do ponto de equilíbrio econômico

Além de nos ajudar a identificar a quantidade que precisamos vender para obter um certo lucro, a metodologia do ponto de equilíbrio econômico também pode nos ajudar a colocar preço nos produtos.

Vejamos este exemplo prático de um empreendedor individual:

Suponha que empreendedor individual queira ganhar R$ 4.000,00 por mês com a produção de bolos.

Sabendo que:

A produção média diária é de 60 bolos por dia.

Vamos considerar que em média ele tem 22 dias úteis de produção e de venda por mês.

O custo fixo mensal é de R$ 2.000,00 por mês.

O custo variável unitário é de R$ 5,00

Qual o preço de venda mínimo dos bolos para atingir o lucro mensal desejado pelo empreendedor?

Para resolver esta situação a primeira coisa que você precisa fazer é identificar as informações que temos:

Se a produção média diária é de 60 bolos por dia e que em média ele tem 22 dias úteis de produção e de venda por mês.

Então a produção mensal será de 60*22 = 1320 bolos

Assim, a quantidade para atingir o lucro será de:

Qe = 1320

O custo fixo mensal é de R$ 2.000,00 por mês.

Então CF= R$ 2.000,00

O custo variável unitário é de R$ 5,00

Então CVu= R$ 5,00

Resumindo temos:

Quantidade (Qe) = 1320

Custo Fixo (CF)= R$ 2.000,00

Custo variável unitário (CVu)= R$ 5,00

Lucro (L) = R$ 4.000,00

Fórmula do lucro: $L = Q * PV - (CF + Q * CVu)$

Fórmula do ponto de equilíbrio econômico: $Qe = (CF + L) / (PV - CVu)$

Vamos pegar a fórmula do ponto de equilíbrio econômico e isolar o Preço de venda.

$Qe = (CF + L) / (PV - CVu)$

$Qe*(PV - CVu) = (CF + L)$

$Qe*PV - Qe*CVu = CF + L$

Markup e preço de venda fácil

$Qe*PV = CF + L + Qe*CVu$

$PV = (CF + L + Qe*CVu)/ Qe$

Pronto, para calcularmos o preço de venda a partir de um lucro desejado devemos usar a seguinte equação:

$$PV = (CF + L + Qe*CVu)/ Qe$$

Vamos então substituir nosso dados na fórmula:

$PV = (2000 + 4000 + 1320*5)/ 1320$

$PV = (2000 + 4000 + 6600)/ 1320$

$PV = (12600)/ 1320$

$PV = R\$ 9,54545454545$

Arredondando para 2 casas:

$PV = R\$ 9,54$

O preço de venda que vai fazer com que ele tenha lucro de R\$ 4.000,00 será então de R\$ 9,54.

Vamos testar este preço na fórmula do lucro para ver se vai dar R\$ 4.000,00 mesmo.

Procure usar todas as casas decimais do preço para dar um resultado preciso.

$L = 1320* 9,545454 - (2000 + 1320* 5)$

$L = 12600 - (2000 + 6600)$

$L = 12600 - 8600$

L = R$ 4.000,00

Correto, o preço de venda deverá ser mesmo de R$ 9,54.

Tudo bem, mas se ele não conseguir vender as 1320 unidades?

Até quanto poderia cair o faturamento ou a quantidade vendida para que o empreendedor não tivesse prejuízo?

Vejamos então mais uma aplicação que chamamos de margem de segurança.

Qual a margem de segurança para manter na zona de lucro?

A margem de segurança é o percentual máximo que podemos reduzir nosso faturamento sem que tenhamos prejuízo.

Para calcular a margem de segurança precisamos somente de duas informações: a receita estimada e a receita do ponto de equilíbrio.

Por exemplo,

Suponha que em um determinado negócio a receita estimada seja de R$ 20.000,00 e que a receita do ponto de equilíbrio seja de R$ 16.000,00.

Quanto a receita poderia diminuir para que a empresa não tenha prejuízo?

Markup e preço de venda fácil

Temos então:

Receita do ponto de equilíbrio (Rpe) = R$ 16.000,00

Receita projetada (Rpr) = R$ 20.000,00

Para calcular a margem de segurança (Ms) vamos usar a seguinte fórmula:

Ms= (Rpr-Rpe)*100/Rpr

O resultado já vai ser dado em porcentagem.

Substituindo os valores temos:

Ms= (20000-16000)*100/20000

Ms= 4000*100/20000

Ms= 400000/20000

Ms= 40/2

Ms= 20%

Podemos reduzir em até 20% o faturamento previsto que mesmo assim a empresa não terá prejuízo. Ou temos uma margem de segurança de 20%.

Veja agora um exemplo mais completo.

Considere os seguintes dados da empresa Terra do Sol Industrial LTDA:

Quantidade estimada de venda = 20.000 und

Custo variável = R$ 6,00/und

Custo fixo = R$ 30.000,00/mês

Preço de venda = R$ 8,00/und

Para encontrarmos a margem de segurança precisamos da receita atual e a receita do ponto de equilíbrio.

Vamos iniciar calculando a receita do ponto de equilíbrio. Para isso vamos calcular antes a quantidade do ponto de equilíbrio.

Qpe = CF / (PV – CVu)

Qpe = 30000/ (8 – 6)

Qpe = 30000 / 2

Qpe = 15.000 unidades

Agora vamos calcular a receita do ponto de equilíbrio, que é igual à quantidade do ponto de equilíbrio vezes o preço de venda.

Rpe= Qpe * PV

Rpe= 15000 * 8

Rpe= R$ 120.00,00

Vamos agora calcular a receita prevista (Rpr) que vai ser igual à quantidade prevista vezes o preço de venda.

Rpr= 20000 * 8

Rpr= R$ 160.000,00

Pronto, agora que temos a receita do ponto de equilíbrio e a receita prevista é só substituir os valores na fórmula da margem de segurança:

Ms= (Rpr-Rpe)*100/Rpr

Ms= (160000-120000)*100/160000

Ms= (40000)*100/160000

Ms= 4000000/160000

Ms= 400/16

Ms= 25%

Temos então uma previsão de venda de R$ 160.000,00 com uma margem de segurança de 25%.

Assim, para que a empresa não tenha prejuízo, a receita de venda pode cair até no máximo 25%.

Vamos analisar agora a sensibilidade do lucro em relação ao preço de venda.

Como escolher entre várias alternativas de preço de venda?

Uma situação muito comum que você pode enfrentar na determinação do preço de venda de um produto é a avaliação do impacto do preço no volume e no lucro.

Vamos acompanhar então uma situação onde este tipo de decisão pode ocorrer.

Markup e preço de venda fácil

Os administradores de uma empresa industrial, juntamente com o setor comercial, estão avaliando a determinação de preço de seu principal produto.

Eles chegaram à conclusão que se praticassem o preço de venda de R$ 20,00, seriam vendidas em torno de 30.000 unidades, e, para um preço de venda de R$ 17,00, provavelmente venderiam 45000 unidades.

Os custos fixos relacionados a produção deste produto são de R$ 200.000,00 e o custo variável unitário é de R$12,00. Avalie a escolha dos administradores.

Você pode perceber que nós temos duas alternativas de preço:

Vender 30.000 unidades por R$ 20,00

Vender 45.000 unidades por R$ 17,00

Então, é melhor vender mais por um preço menor, ou menos por um preço maior.

Para avaliar a decisão devemos calcular o lucro para cada uma das opções de preço. Em tese a que resultar em maior lucro deverá será ser a escolhida.

Vamos começar então com a primeira opção, onde temos as seguintes informações:

Preço de venda (PV): R$ 20,00/unidade.

Custo variável unitário(CVu): R$ 12,00/unidade.

Markup e preço de venda fácil

Custo fixo (CF): R$ 200.000/mês

Quantidade (Q) = 30.000 unidades

Fórmula para calcular o lucro: L = Q* PV – (CF + Q* CVu)

Substituindo os valores na fórmula do lucro, teremos:

L = 30000* 20 – (200000 + 30000* 12)

L = 600000 – (200000 + 360000)

L = 600000 – 560000

L = R$ 40.000,00

Assim, se nós vendermos por R$ 20,00 teremos um lucro de R$ 40.000,00.

Na segunda alternativa poderíamos vender por um valor 15% menor, por R$ 17,00 para na tentativa de vender 50% mais, 45.000 unidades.

Veja que o faturamento 27,50% maior, vendendo 45000 por R$ 17,00 iriamos faturar R$ 765.000,00, bem mais que os R$ 600.000,00 da alternativa anterior.

Parece bom, não?

Valeria então baixar o preço para vender mais?

Para tirarmos a dúvida, vamos então calcular o lucro para essa segunda alternativa.

Temos então:

Markup e preço de venda fácil

Preço de venda (PV): R$ 17,00/unidade.

Custo variável unitário(CVu): R$ 12,00/unidade.

Custo fixo (CF): R$ 200.000/mês

Quantidade (Q) = 45.000 unidades

Fórmula para calcular o lucro: L = Q* PV – (CF + Q* CVu)

Substituindo os valores na fórmula do lucro, teremos:

L = 45000* 17 – (200000 + 45000* 12)

L = 765000 – (200000 + 540000)

L = 765000 – 740000

L = R$ 25.000,00

Apesar de vender mais, tanto em volume quanto em faturamento, a segunda alternativa iria resultar em um lucro menor.

Teríamos um aumento 27,50 % no faturamento, de R4 600.000,00 para R$ 765.000,00.

Porém, esse aumento nas vendas, em função do preço de venda menor, iria se refletir em uma queda de 37,50% no lucro.

O lucro para o preço de venda R$ 20,00 era de R$ 40.000,00 e passaria a ser de R$ 25.000,00 caso o preço de venda fosse R$ 17,00.

Mais ai poderíamos avaliar também algumas alternativas ou possibilidades em relação a essa mesma situação.

Você poderia querer saber, por exemplo, quanto deveria ser o volume mínimo da segunda alternativa, para que ela se tornasse melhor que a primeira.

Como fazer essa avaliação?

É muito simples basta que você encontre através da fórmula do lucro a quantidade em que vai fazer a segunda alternativa de preço (R$17,00) gerar lucro igual a primeira, que foi de R$ 40.000,00.

Vamos lá?

Temos então:

Preço de venda (PV): R$ 17,00/unidade.

Custo variável unitário(CVu): R$ 12,00/unidade.

Custo fixo (CF): R$ 200.000/mês

Lucro = R$ 40.000,00

Fórmula para calcular o lucro: L = Q* PV – (CF + Q* CVu)

Substituindo os valores, temos:

L = Q* PV – (CF + Q* CVu)

40000 = Q* 17 – (200000 + Q*12)

40000 = Q* 17 –200000 - Q*12

40000 +200000 = Q* 17 - Q*12

240000 = Q(17 -12)

240000 = Q*5

Q*5= 240000

Q= 240000/5

Q= 48000 unidades.

Para uma venda de 48.000 unidade o lucro seria igual ao lucro da alternativa de preço maior, tornando as duas alternativas iguais em termos de decisão de preço.

Para que a alternativa de preço menor (R$ 17,00) fosse melhor teríamos que vender mais que 48.000 unidades.

Outra pergunta que você poderia fazer seria quanto teria que ser o preço de venda do produto para que uma venda 50% maior (45.000 unidades) resultasse em um lucro maior.

Para responder esta pergunta você teria que calcular o preço para um venda para 45.000 e lucro igual da primeira opção que foi de R$ 40.000,00.

Temos então:

Custo variável unitário(CVu): R$ 12,00/unidade.

Custo fixo (CF): R$ 200.000/mês

Lucro = R$ 40.000,00

Quantidade (Q) = 45.000 unidades

Fórmula para calcular o lucro: L = Q* PV – (CF + Q* CVu)

Substituindo os valores:

40000 = 45000* PV – (200000 + 45000* 12)

40000 = 45000* PV – (200000 + 540000)

40000 = 45000* PV –740000

40000 + 740000 = 45000* PV

780000 = 45000* PV

45000* PV = 780000

PV = 780000/45000

PV = 17,3333

PV = R$ 17,34

Para um preço de R$ 17,333333 as duas alternativas gerariam lucro igual.

Para um preço de R$ 17,34 a segunda alternativa resultaria em um lucro ligeiramente maior (R$ 40.300,00), sendo portanto a escolhida.

Conclusões

Fico muito feliz por saber que você se interessou pelo conteúdo deste livro e que tenha dedicado seu tempo para ler e estudar essas metodologias gerenciais que auxilia o administrador a tomar melhores decisões dentro das empresas.

Gostaria também de lhe parabenizar pela leitura e aprendizado e espero sinceramente que todo o conteúdo visto tenha lhe ajudado a aprender calcular, avaliar e atribuir preço aos seus produtos e serviços.

Se você se interessa pelo tema desse livro, ou de temas relacionados a tomada de decisão utilizando métodos quantitativos, gostaria de lhe convidar a conhecer meu http://youtube.com/flaviomoita, que vem ajudando administradores e estudantes no estudo de finanças, produção, estatística e custos. Veja também meus outros livros de finanças disponíveis no site da amazon.

Saiba mais sobre meus outros livros e conteúdos nos links a seguir: http://bit.ly/flaviomoita

Sobre o autor

Eu sou o professor Flávio Moita, sou engenheiro e especialista em Educação a Distância. Venho produzindo conteúdos para essa modalidade de ensino, como apostilas, livros, vídeos e ambientes de aprendizagem online desde 2008.

Também possuo um canal no Youtube, criado em 2010, que hoje (janeiro de 2020) conta com quase 2 milhões de visualizações e 340 vídeos com solução de estudos de caso utilizando métodos quantitativos. Link do meu canal no Youtube: youtube.com/flaviomoita.

Desenvolvi este livro para ajudar empreendedores, gestores e estudantes a entender o processo de precificação e utilizar de melhor maneira possível as informações de custos e de mercado para obter uma lucratividade melhor dos produtos.

A ideia foi desenvolver um conteúdo condensado e de fácil entendimento, indo direto ao que realmente interessa. Ele vai ser útil mesmo para aqueles empreendedores que nunca tenham tido contato com o tema.

Procurei tornar esse aprendizado o mais simples, prazeroso e completo possível. Utilizamos uma linguagem de fácil entendimento e aproveitando ao máximo técnicas de ensino disponíveis atualmente.

Por favor deixe uma avaliação

Espero sinceramente que você tenha aproveitado e gostado bastante deste livro. Ficarei muito feliz se você me ajudasse a divulgar este livro para mais pessoas. Para tanto, peço que deixe uma avaliação desse conteúdo na Amazon. Se for possível, por favor diga qual parte do livro você mais gostou e lhe foi útil.

Para escrever uma avaliação basta você acessar a página do livro e clicar em "escreva uma avaliação".

Se você que dar alguma sugestão ou crítica deste livro, de forma a melhorarmos seu conteúdo em novas revisões, por favor me envie um e-mail para flavio@flaviomoita.com.br.

Também lhe convido a me seguir nas minhas redes sociais:

https://www.instagram.com/proflaviomoita/

youtube.com/flaviomoita

http://flaviomoita.com.br/

Muito obrigado pela leitura, desejo muito sucesso para você.

Até breve!

Prof. Flávio Moita